MAZARIN ET SON OEÙVRE

MAZARIN (d'après une gravure du temps).

BIBLIOTHÈQUE DES NOTIONS GÉNÉRALES

ADRIEN DESPREZ

MAZARIN

ET SON ŒUVRE

PARIS

LIBRAIRIE GÉNÉRALE DE VULGARISATION

9, RUE DE VERNEUIL, 9

MAZARIN

ET SON ŒUVRE

I

MAZARIN ET ANNE D'AUTRICHE.

Il faut croire que la loi des contrastes est dans l'ordre des choses, ou que la nature est d'une indifférence absolue sur les moyens qu'elle emploie pour arriver à ses fins. Voici deux hommes du caractère le plus opposé, du tempérament le plus dissemblable, qui se sont attelés successivement à la même œuvre, et qui tous deux l'ont menée à bien. L'un a terminé l'entreprise commencée par l'autre, en employant des moyens entièrement différents; et il n'est pas dit que s'il eût été à sa place, il n'eût pas triomphé également en suivant une voie tout à fait opposée. L'un avait l'audace, la fierté, le courage; l'autre la souplesse, la patience, la ruse; et cette dernière développée à un tel point qu'il trompait

non seulement ses adversaires, mais aussi ses amis
et ses agents, tellement il avait peur de laisser
découvrir sa pensée, de laisser deviner son but.
C'est ce qui arriva pour l'élection d'Innocent XI,
que ses partisans dans le Sacré-Collège favorisèrent
pour n'avoir pas bien compris ses instructions
ambiguës. L'un courait droit à son but, renver-
sant les obstacles et couvrant tout de sa robe
rouge ; l'autre y tendait par mille voies détournées,
cachant sa marche et facile à intimider ; aussi son
son frère disait de lui : « C'est un poltron ; faites du
bruit et il a peur ! » précepte qu'il mit souvent en
pratique avec succès. L'un vit les seigneurs trembler devant lui, et s'incliner sur son passage sans
même lever les yeux ; l'autre fut leur jouet, le but
continuel de leurs railleries et de leurs épigrammes,
et il vit le prince de Condé le quitter avec un geste
insultant et en lui jetant ces paroles à la tête :
« Adieu Mars ! » L'un domina le roi par la hauteur
de son génie, et se fit accepter par un homme qui
ne l'aimait pas et auprès duquel tous cabalaient
pour conjurer sa ruine ; l'autre passa sa vie aux
pieds d'Anne d'autriche, occupé à la louer, à la flatter, à l'admirer, ne conservant le pouvoir que par
le moyen de cette adoration perpétuelle. L'un était
un ami sûr, un ennemi redoutable, qui répandait
d'une main également prodigue les bienfaits et les
châtiments ; l'autre n'avait pour ses amis que des
promesses et de belles paroles, son grand souci était

de se dégager de la reconnaissance qu'il leur devait : ses caresses, ses passions, ses générosités étaient toutes pour ses ennemis, dont il voulait acheter le silence et l'amitié. La vie de l'un fut un triomphe continuel ; ses palais étaient plus magnifiques, plus remplis de courtisans que ceux du roi, ses voyages étaient une pompe triomphale, et les murailles des villes tombaient pour laisser passage à sa litière ; le second mena la vie de fugitif et de proscrit ; il vit son palais pillé, sa bibliothèque vendue, et comme consolation aux brocards, aux pamphlets, aux chansons qui pleuvaient sur lui, il ne trouva que ce mot cynique : « Ils chantent, ils paieront ! » Le premier vit venir la mort d'un œil ferme, et reçut son coup sans trembler ; le second se promenait d'un air dolent au milieu des richesses accumulées, répétant d'une voix affaiblie : « il faut quitter tout cela ! » et essayant de ruser avec la mort comme il avait rusé avec tous ses contemporains. Le premier désigna au roi son successeur, en lui disant : « Sire, voilà l'homme le plus capable de continuer mon œuvre » ; l'autre, en mourant, conseilla au roi de ne jamais prendre de premier ministre ! inspiré par cette jalousie posthume qui pousse certains hommes à anéantir des biens dont ils ne veulent pas que d'autres profitent après eux. « Enfin, comme le dit un contemporain des deux ministres, dans quelque époque de sa vie que Richelieu eût succombé, il aurait laissé l'idée d'un grand homme ; si Mazarin, dans vingt circonstances, eût été abandonné de la reine, il n'aurait emporté aucune réputation, et le ridicule aurait inondé la plupart de ses actions. »

En un mot, l'un fut grand, l'autre fut heureux ; ce mot est celui qui peut le mieux caractériser sa vie. Il ne faudrait point croire que ce mot soit banal et vide de sens. Dans le succès il y a deux choses bien distinctes : la partie purement personnelle à celui qui a réussi, et qui comprend l'activité, l'énergie, les efforts dépensés pour atteindre le but ; puis cette part de hasard et de chance qui entre dans tous les événements humains, que les anciens appelaient la Fortune, et qui exerce une influence incontestable. On a beau dire que la Fortune se présente une fois à chaque homme dans le cours de sa vie, et que celui qui la laisse échapper ne retrouve plus l'occasion de la rejoindre : c'est là une façon de parler. Elle est aveugle, elle va trouver qui elle veut ; et si on a vu souvent les hommes manquer aux circonstances, plus souvent encore les circonstances ont manqué aux hommes. En tout cas, elles ne firent pas défaut à Mazarin, qui eut la patience de les attendre, l'énergie et la promptitude nécessaires pour en profiter. Il croyait à leur influence ; et lorsqu'on lui présentait quelqu'un, la première question posée par lui était celle-ci : « Est-il heureux ? » C'est lui qui le fut d'un bout de sa vie jusqu'à l'autre, et son histoire est aussi intéressante et aussi incroyable qu'une aventure des *Mille et une Nuits*.

Comment le fils d'un notaire de Castel-Mazarin, le petit-fils d'un artisan qui vivait obscur au fond des Calabres, parvint-il à gouverner un pays comme la France, à mettre le pied sur le premier degré conduisant au trône de saint Pierre ? Certes, les faiseurs d'horoscopes les plus habiles n'auraient osé lui promettre une fortune aussi merveilleuse lorsqu'il vint au monde, le corps enveloppé d'une pellicule assez semblable à une pelure d'oignon. Si on fût venu le lui dire et qu'il eût été en état de comprendre et de parler, il eût peut-être répondu comme il le fit aux courtisans qui entouraient son lit de mort, et qui lui signalaient la présence d'une comète dans le ciel : « En vérité, la comète me fait beaucoup d'honneur ! » La réussite de Richelieu n'a rien qui doive étonner, elle est dans l'ordre des choses normales. Richelieu était gentilhomme, il possédait le rang épiscopal ; enfin, deux circonstances avaient aidé à le mettre en lumière : des sermons assez goûtés du public, puis la convocation des Etats-Généraux. Mazarin, au contraire, était étranger au royaume ; obscur, inconnu, sans mérite exceptionnel qui le recommandât à l'attention. Mais il appartenait à cette race italienne si souple, si insinuante, qui a su porter sous tous les climats sa séduction irrésistible, qui a donné des favoris aux rois et aux reines de presque tous les pays. Aussi le spectacle de son élévation est-il un des faits les plus intéressants que l'histoire puisse offrir au philosophe et au curieux.

Le père de Mazarin occupait la position bien modeste de notaire dans un bourg des Calabres. Saisi par le désir de faire fortune, il se rendit à Rome, où il essaya de se produire et d'arriver par lui-même. Il ne tarda pas à se convaincre que la Rome chrétienne, comme la Rome païenne, se divisait en deux classes, les patrons et les clients ; que celui qui ne faisait partie d'aucune des deux était perdu, annihilé, foulé aux pieds. Une lettre de recommandation le fit entrer chez le prince Colonna, qui lui accorda une place de camérier et lui donna pour femme une personne attachée à sa domesticité, et dont il était le parrain ; cette fille, belle et sage, donna à Mazarin de nombreux enfants, dont l'aîné fut notre héros. Les qualités du génie italien, souvent plus brillantes que solides, plus superficielles que profondes, se trouvaient chez Jules Mazarin, dont l'intelligence était si vive et si précoce que les jésuites tâchèrent de se l'attacher : cette politique a toujours été la leur ; tous les élèves distingués qui se sont assis dans leurs écoles ont été sollicités de faire partie de leur ordre, et c'est de cette façon que, pendant un certain temps, ils ont réuni tant d'hommes distingués. Mazarin refusa, comme Voltaire devait le faire plus tard ; il cessa toute fréquentation avec eux, et s'adonna au plaisir et à la dissipation en compagnie de jeunes gens de son âge. La principale de ses distractions était le jeu, pour lequel Mazarin montra toujours une grande passion, parce qu'il y trouvait à la fois plaisir et profit. Comme il était généralement assez heureux, il y puisait des ressources pour s'habiller richement et pour aller faire sa cour aux puissants. Ce système lui réussit; le fils du prince Colonna, chargé d'une mission en Espagne, désigna le jeune Mazarin pour faire partie de sa suite. Il l'emmena à Madrid, où l'attendait un écueil sur lequel faillit sombrer sa fortune naissante. Cet écueil consistait dans deux beaux yeux, qui le subjuguèrent avec d'autant plus de facilité qu'ils étaient la possession d'une jeune Espagnole très habile dans le manège de la coquetterie, et très désireuse de conquérir un aussi beau cavalier que Mazarin; cette fois, et cette fois seulement pendant toute sa vie, l'amour parla plus haut que l'ambition, et il vint trouver son patron, lui demandant l'autorisation de se marier avec la belle Madrilène. Celui-ci, qui tenait à conserver son serviteur, lui conseilla d'aller à Rome chercher l'autorisation de son père et porter en même temps des papiers au prince Colonna. Mazarin s'empressa d'obéir; il put facilement convaincre son père, mais il n'en fut pas de même du prince Colonna qui, averti par son fils, le railla d'abord, et finit par lui ordonner de ne plus penser à ce mariage, sous peine d'encourir sa disgrâce. C'est que ce n'était pas peu de chose que la disgrâce d'un homme tel que le prince Colonna; pour échapper à son ressentiment il eût fallu sortir de Rome, et encore ne se fût-on pas senti hors de ses atteintes. Mazarin passa sept jours à pleurer et à gémir ; puis sa douleur, aussi courte qu'elle avait été vive, disparut pour laisser la place à d'autres préoccupations. A quoi tiennent les destinées! Sans cette opposition du prince Colonna, Mazarin voyait sa brillante carrière arrêtée à son début même, comme tant d'autres l'ont été par le même accident. Eût-il été moins heureux! Peut-être non. Mais le philosophe spéculatif peut se demander de quelle façon cet incident si simple eût influé sur le sort de la France. Aurait-on vu la Fronde? Aurait-on vu la paix des Pyrénées? L'œuvre de Richelieu eût-elle été achevée, ou bien la cabale des princes l'eût-elle emporté et étouffé dans son germe le règne glorieux de Louis XIV? Questions qui peuvent sembler oiseuses, mais qui ont leur importance pour l'école historique qui enseigne que les sociétés ressemblent aux individus, et qu'elles accomplissent une évolution fatale et inévitable.

L'amour parti, l'ambition reprit le dessus. Mazarin, à la recherche d'une occasion de se faire connaître, en trouva une qu'il ne négligea pas. Les jésuites donnaient chaque année des représentations théâtrales consacrées aux principaux événements de leur histoire. Cette année-là, le sujet choisi était la fondation même de leur ordre. Il leur fallait quelqu'un d'habile pour jouer le rôle d'Ignace de Loyola ; ils songèrent à Mazarin, se rappelant les dispositions précoces qu'ils avaient trouvées chez lui, les sermons qu'ils lui avaient entendu débiter et dans lesquels il contrefaisait à merveille les principaux prédicateurs de Rome. Mazarin hésita un peu, non par modestie, mais par crainte de ne pas réussir devant le public le plus railleur et le moins indulgent qu'il y ait au monde. Il accepta néanmoins, et sa tentative fut suivie du plus éclatant succès ; dans ce monde, où tous savaient si habilement feindre et jouer la comédie, c'est encore lui qui l'emportait. Il venait de se révéler là tel qu'il fut toute sa vie ; et vingt ans après, un spectateur de cette scène l'ayant vu au Palais-Royal, empressé auprès d'Anne d'Autriche, souple et doucereux avec les grands, ne put s'empêcher de dire : « C'est toujours le comédien de l'église du Gésu ! »

Mais la fortune ne venait pas aussi vite que la notoriété ; il était toujours dans la dépendance du prince Colonna, sans autre argent que celui que lui fournissait son habileté au jeu, lequel lui permettait de faire bonne figure et de s'habiller richement dans une ville où la pauvreté était le seul crime irrémédiable. Il se mit à étudier la théologie ; puis il jeta les livres loin de lui, manquant de cette patience qui est la première vertu de l'ambitieux ; il pécha de cette façon deux ou trois fois dans sa vie, et ce sont les seules fautes qu'on puisse lui reprocher ; sous tous les rapports, sa conduite est un modèle d'habileté que doivent méditer les ambitieux de tous les âges. Se lançant dans une autre voie, il prit un brevet de capitaine d'infanterie. La Fortune qui l'avait si heureusement préservé d'un mariage banal, qui venait de le mettre en lumière d'une façon si heureuse devant tout le public romain, vint encore à son aide, et cette fois d'une façon plus efficace. La succession du duc de Mantoue avait transformé l'Italie en un champ de bataille sur lequel l'Espagne, la France et la Savoie se livraient de rudes assauts. Le pape Urbain VIII, craignant de voir la conflagration s'étendre à toute l'Italie, envoya vers les belligérants le légat Pancirole, lui donnant pour instructions de faire tous ses efforts pour conclure la paix. Le légat s'attacha Mazarin. La Fortune plaçait l'ambitieux sur son véritable terrain, elle le mettait à même de faire connaître ses inappréciables qualités pour les négociations et pour la diplomatie. Là est la véritable supériorité de Mazarin, qui, sur ce point, l'emporte sur Richelieu ; ce dernier eut un génie vaste, des idées grandes et élevées, un remarquable talent d'administrateur, qualités refusées à Mazarin, qui, en revanche, est un négociateur incomparable. Il avait été à cette école de la cour romaine où l'individu le plus obscur doit, pour gagner sa vie de chaque jour, dépenser plus de ruse, plus de finesse, plus d'ingéniosité qu'il n'en faudrait, dans les autres pays, pour arriver au premier rang. Mazarin avait bien profité de ces enseignements. Il passa deux ans à aller de la cour du duc de Savoie au camp des Espagnols, et du camp espagnol au quartier général français, renouant avec une patience inaltérable des négociations sans cesse rompues par l'avidité ou la mauvaise foi, réunissant sans se décourager les mailles sans cesse brisées de cette toile de Pénélope. M. Cousin a consacré tout son volume : *La jeunesse de Mazarin* à l'histoire de cette campagne diplomatique, qui faisait pressentir le signataire du traité de Westphalie et de celui des Pyrénées. On ne perd jamais les traces de sa première origine. Ces négociations si habilement menées furent couronnées par une ruse qui sent bien son Italien, et que les ennemis de Mazarin appelèrent une pantalonnade, non sans raison peut-être. Les négociations allaient aboutir, un traité définitif allait être signé, mais les deux armées ennemies étaient en présence ; leur choc pouvait tout rompre, rendre le vainqueur plus exigeant, le vaincu plus exaspéré. Brusquant le dénouement par une heureuse audace, il s'avance entre les deux armées au moment où elles allaient en venir aux mains, au moment où les balles et les boulets pleuvaient de tous côtés ; son chapeau d'une main, la croix pontificale de l'autre, il parcourt les rangs en criant : *La paix ! la paix !* et empêche ainsi la mêlée de s'engager. Le fait était faux, la paix n'était point faite, le traité n'était pas encore signé, mais c'était un coup à tenter. S'il eût échoué, Mazarin était perdu sans retour ; mais la Fortune était là, qui protégeait son audace. Le pape fut enchanté de ce résultat ; lorsqu'on lui raconta l'aventure du capitaine Mazarin s'avançant au milieu des lignes, son chapeau à la main, un des assistants s'écria : « Voilà un chapeau qui mérite de rougir. » Ce qui fit sourire le saint-père.

Mazarin était trop avisé pour avoir risqué sa vie et sa fortune à l'aventure. Avant de faire cette démarche en apparence si improvisée, il s'était assuré qu'elle réussirait. Il savait que le général espagnol désirait ménager son armée, qu'il se sentait en mauvaise position et en nombre inférieur ; il savait, d'autre part, que les Français ne demandaient pas mieux que de terminer la guerre: il allait donc à coup sûr. Il fit valoir son zèle auprès d'eux; il leur fit comprendre qu'ils lui devaient d'avoir vaincu, sans même tirer le sabre du fourreau; il leur rappela que c'était à lui qu'ils devaient d'avoir gardé Pignerol, cette porte ouverte sur l'Italie, objet de leur convoitise. Il fut mieux récompensé par eux que par la cour romaine. Richelieu, qui avait eu occasion de le voir une fois ou deux et qui appréciait son mérite, l'appela à Paris, où il s'empressa de se rendre. Le cardinal lui fit l'accueil le plus cordial. Il commença par l'embrasser, ce qui était sa manière de témoigner sa sympathie ; à ceux qui ne lui plaisaient pas au contraire, il disait : « Je suis bien votre serviteur. » Un seigneur de la cour, amené à Rueil par un des familiers du cardinal, se vit donner le bonjour de cette façon. Aussitôt il descend, selle son cheval, et s'enfuit hors de France, persuadé de s'être attiré l'inimitié du redoutable ministre. Talleyrand avait la même façon d'exprimer son mépris et son dédain ; et ceux à qui il disait : « Votre serviteur bien humble » étaient sûrs de ne jamais rien obtenir de lui. Richelieu conduisit ensuite Mazarin chez le roi, qui le combla de caresses et de présents, ce qui était plus solide. Mazarin retourna à Rome ayant reçu des bijoux, des diamants et d'autres présents de valeur. En route, une autre bonne fortune lui advint ; il acheta pour presque rien, à un vieux prêtre, un rosaire en diamants, trouvé sur le champ de bataille de Laval. Ainsi fourni, il arriva magnifiquement équipé à Rome, où il se montra dans tous les avantages de sa nouvelle fortune, dont il consacra une partie à marier et à doter ses sœurs, une autre à se faire bien venir de ceux dont il pouvait avoir besoin un jour.

Mais ce n'était que le commencement de la fortune, il ne fallait pas s'endormir au début de la route. Richelieu l'avait engagé à revenir, et il avait le pressentiment que du côté de la cour de France était son véritable intérêt. Il se remit en route pour Paris, mais il y alla cette fois les mains pleines. Il sortait d'une ville où l'usage est de donner toujours, de donner sans cesse, de donner à tous, aux plus riches et aux plus puissants. Tous ceux qui sèment ainsi ne sont pas sûrs de récolter, mais ceux qui ne sèment pas sont bien certains de ne rien avoir. Il emporta avec lui des statues, des livres, des tableaux et divers objets particuliers à l'Italie, qui devaient obtenir un succès de curiosité à la cour de France. Il fit des cadeaux à Richelieu, à diverses autres personnes de l'entourage royal : le reste de sa cargaison fut vendu, et ces objets si nouveaux ayant trouvé de nombreux amateurs, il en fit venir d'autres qu'il vendit également par l'intermédiaire d'un homme à lui appartenant. C'était à ce commerce, c'était au jeu surtout qu'il demandait le moyen de faire bonne figure à la cour de Louis XIII, ne différant pas en cela de la plupart des seigneurs de son temps. Pour arriver à son but, pour capter la faveur de cette cour, il fallait faire de grandes dépenses en habillements, dépenses en cadeaux et en présents. « Il faut pouvoir, disait-il parfois, disposer de 2,000 livres chaque année : 1,500 pour entretenir de bonnes relations avec ses amis, 500 pour faire bâtonner ses ennemis. » Puis il ajoutait, avec un accent de sincère conviction : « Oh ! que l'homme est bête sans argent ! »

Le bonheur qui le suivait au jeu fournissait à toutes ces dépenses, destinées à attirer l'attention sur lui et à se faire bien venir de tous. Un de ses compatriotes, qui a longtemps vécu avec lui et qui a écrit sa vie, en rapporte deux faits assez singuliers. Un jour le roi, se trouvant à la chasse, rencontre une noce villageoise ; on l'arrête, on le prie de prendre part à la fête ; puis la fiancée fait le tour de la noble assemblée, demandant à chacun un

présent comme présage de bonheur. Le roi, le
premier, met dans la coupe un joyau de grand prix,
et chacun des courtisans s'empresse de l'imiter.
Quand vint le tour de Mazarin, il se fouilla, et, ne
trouvant rien autre, il donna sa bourse pleine de
doublons. Étonné de la grandeur du présent, le roi
fait interroger la jeune mariée, et apprend que la
somme donnée par Mazarin est bien plus élevée que
celle qu'il a donnée lui-même, ce qui lui causa une
grande admiration pour Mazarin.

Une autre fois, il se trouvait à jouer dans les appartements du roi, lorsqu'il vit entrer la reine ; soit
inspiration, soit désir de se distinguer, il tient un coup
énorme qui pouvait amener sa ruine complète. Mais
la Fortune est toujours sa complice, il gagne, et il
voit des monceaux d'or accumulés devant lui. Dans
sa joie, il distribue dix mille livres aux seigneurs
qui l'environnent, et prie la reine d'en accepter
50,000, comme étant la véritable cause du gain qu'il
vient de faire. Elle refuse, mais il insiste, et les fait
porter chez elle. Il est vrai d'ajouter que le lendemain elle lui envoyait des bijoux pour une somme
bien plus considérable. Mais il avait atteint son but,
il avait conquis l'admiration du roi, de la reine et
de toute la cour. Cette générosité n'était qu'appa-
rente, elle était dictée par un sentiment des plus
intéressés. C'est à elle qu'on pouvait appliquer
le proverbe persan : « Le don du généreux est un
présent ; celui de l'autre, une demande. » Du Ma-

zarin, prodiguant l'or si facilement, rapprochez le Mazarin, premier ministre, retranchant sur les étrennes d'Anne d'Autriche, laissant la reine d'Angleterre mourir de faim et de froid, laissant manquer le bouilli au repas de noces de la reine de Pologne, ou bien se livrant aux pantalonnades du genre suivant. Il logeait, à Marseille, chez des moines dont l'église magnifique manquait de portail : « Pourquoi n'en faites-vous pas faire un? » leur dit-il. Ils alléguèrent leur pauvreté, et sollicitèrent quelque gratification. « Faites-m'en souvenir demain matin, avant mon départ. » Ils le lui rappelèrent en effet, le lendemain : « Je sais, mes pères, qui vous fera faire ce portail. » Et comme ils ouvraient les oreilles : « Quelque sot, mes pères! » ajouta-t-il. Ce fait rappelle le suivant, rapporté par Brienne, et qui le peint mieux encore. « Quelques jours avant la mort du cardinal, M. Tubeuf lui apporta quelque argent qu'il lui devait du jeu : c'était le reste de bien plus grandes sommes qu'il avait perdues contre Son Éminence au *hoc* Mazarin, car il avait donné son nom à ce jeu de son invention, comme au duc Mazarin, au palais Mazarin, au collège Mazarin, enfin jusqu'aux pâtés à la Mazarin. Le duc reçut cette modique somme qui s'élevait, je crois, à 1,500 livres, et la mit dans sa cassette qui renfermait ses pierreries. Il les prit toutes les unes après les autres, en disant à M. Tubeuf, qui s'attendait à recevoir de sa libéralité quelques beaux diamants :

« Je donne à Madame Tubeuf », ce qu'il répéta plusieurs fois en remuant ses bagues et ses bijoux : « Je donne à Madame Tubeuf. — Quoi? demanda M. Tubeuf, en tendant la main. — Le bonjour », dit Son Éminence; puis il referma sa cassette, et le pauvre Tubeuf se retira, comme on dit, avec sa courte honte. Sa passion dominante était l'avarice : il donnait de mauvaise grâce et le moins qu'il pouvait; il recevait volontiers, et n'était jamais aise que lorsqu'on lui faisait des présents.

Mazarin était choyé, caressé de tous, il s'était attiré la sympathie générale, mais sa fortune n'avançait pas vite. Son but était d'obtenir le chapeau de cardinal: Richelieu, qui l'avait deviné, opposait un frein à son impatiente ambition. Il voulait bien en faire son successeur, mais non son rival. Mazarin manqua une seconde fois de cette patience nécessaire à ceux qui attendent la fortune. Séduit par les promesses du neveu du pape, il retourna à Rome, non sans avoir employé toute son habileté à colorer sa défection aux yeux de Richelieu, qu'il tenait à ne pas fâcher. En arrivant à Rome, il fut accablé de caresses et de belles paroles, monnaie courante dont on se montre aussi prodigue qu'on est économe de la monnaie sonnante. D'ailleurs, il se présentait dans des conditions bien meilleures: les gains qu'il avait faits, les présents qu'il avait reçus lui avaient permis d'acheter certaines charges dont le revenu lui assurait la prélature; il avait fait contracter de beaux mariages à ses dernières sœurs; enfin il avait réparé une église et acheté un palais, ce qui était à Rome la manière de se faire connaître et d'affirmer sa fortune, comme on le fait ailleurs en déployant un grand luxe d'équipage et de domesticité. Il y avait loin du prélat connu et considéré au petit protégé du prince Colonna, qui allait gagner quelques sequins au tripot afin de s'habiller convenablement. Aussi au personnage devenu important fit-on une plus grande attention; on ne lui donna pas tout ce qu'il demandait, mais on l'envoya vice-légat à Avignon, où il resta deux ans. A son retour, il se trouvait dans la même position qu'en partant, ni plus ni moins avancé. C'est alors qu'il regretta d'avoir quitté Richelieu; surtout de ne pas avoir répondu aux avances que ce ministre lui avait faites naguère pour l'engager à revenir en France. Il eût bien voulu y retourner maintenant. Mais comment se faire rappeler, sans montrer le désir qu'il en avait et, par conséquent, sans rentrer dans des conditions moins favorables? Son étoile, qui semblait avoir un instant pâli, remonta sur l'horizon et brilla d'un nouvel éclat. Son rappel en France vint du côté où il l'attendait le moins, et fut amené par un incident qu'il faut raconter parce qu'il peint les mœurs de l'époque.

A Rome il y avait de nombreux tripots, et il y en a toujours eu; le jeu y a toujours été en honneur, d'abord parce que les Italiens sont naturellement

joueurs, ensuite parce qu'il se trouve forcément là
où il y a de grandes agglomérations d'oisifs et d'é-
trangers : le témoignage de Benvenuto Cellini, du
président de Brosses, de Casanova et de tant d'autres
est là pour l'attester. Or, le cardinal François Bar-
berini, un des neveux du pape Urbain VIII, pris d'un
beau zèle de réforme, ordonna la fermeture de tous
les tripots : ils obéirent, sachant bien qu'ils se fer-
maient aujourd'hui pour se rouvrir demain. Les am-
bassadeurs, qui en avaient tous dans le voisinage
de leurs palais, se soumirent à cette ordonnance ; le
marquis de Cœuvres, ambassadeur de France, fit
seul de la résistance, prétendant que cette ordonnance violait les franchises accordées aux envoyés
des puissances étrangères. Par une singulière fiction,
l'espace occupé par le palais de chaque ambassadeur
et tout le périmètre environnant était soustrait à
l'autorité du pape ; il devenait la propriété absolue
de l'ambassadeur, qui y faisait régner les lois de son
pays, qui y exerçait haute et basse justice, qui y recevait comme dans un asile inviolable tous les cri-
minels de la ville, qui y mettait surtout ses nationaux
à l'abri de toute vexation, de toute recherche de la
justice. Ce privilège devint la source de tant d'abus
qu'il finit par disparaître, mais non sans avoir sus-
cité de nombreuses résistances et donné lieu à plus
d'une collision sanglante. Le marquis de Cœuvres
avait autorisé l'ouverture d'un tripot au bénéfice de
son écuyer, qui le louait à un croupier italien, lequel

payait une redevance d'un doublon par jour. Le marquis de Cœuvres refusa de laisser fermer son tripot : il parla de cette affaire au cardinal Antonio, autre neveu du pape et frère du cardinal François, avec lequel il était en relation d'amitié, et qui lui dit de ne s'inquiéter de rien. Un second avertissement fut donné, et comme il resta sans résultat, un beau jour le croupier italien fut saisi, emprisonné et condamné aux galères. Grand émoi chez l'ambassadeur de France, qui va trouver le cardinal Antonio ; celui-ci court chez son frère le cardinal François, qui se refuse à toutes les instances et ordonne que l'arrêt recevra pleine et entière exécution. Alors Rome vit une de ces scènes de violence auxquelles elle était habituée : sur le passage de la chaîne des forçats, allant s'embarquer au port Ripetta pour gagner Civitta-Vecchia, se trouvait l'écuyer de l'ambassadeur de France ; dès qu'il aperçoit son courtier, il s'élance vers lui, brise ses fers et le met en liberté, pendant que ses hommes, l'arquebuse en main, tiennent les gens de la police en respect, puis il se retire sans que personne songe à s'étonner d'une chose si commune. Si le coupable avait eu la sagesse de se cacher, de ne pas sortir du palais de l'ambassade, la chose eût été vite oubliée ; en tout cas, la mort du pontife, en amenant la chute du cardinal-neveu, l'eût garanti de toute poursuite. Mais il appartenait à cette nation française qui a le tort de se montrer trop souvent vaine et insolente avec les étrangers ; aussi

se promena-t-il tête haute dans les rues de Rome,
bravant à plaisir l'autorité du cardinal François.
Une fois qu'il se livrait paisiblement à cette prome-
nade, les sbires s'emparèrent de lui, le conduisirent
devant le gouverneur de Rome; son affaire ne fut
pas longue; on lui trancha la tête, et avant de la
jeter dans la fosse le bourreau cria à haute voix :
« Voici la tête de l'écuyer de l'ambassadeur de
France! » Le marquis de Cœuvres fut outré, moins
encore du fait lui-même que de la publicité qui lui
avait été donnée. Il parla bien haut et annonça qu'il
allait faire un rapport à son gouvernement. La cour
de Rome eut peur; elle avait vu déjà dans deux circonstances Richelieu se montrer très ferme; elle
chercha qui elle pourrait envoyer auprès de lui avec
le plus de succès. Le cardinal Antonio parla de
Mazarin, comme d'un homme très agréable à Louis
XIII et à Richelieu ; mais le pape s'y refusa absolument. Par ses sollicitations sans cesse renou-
velées, le jeune prélat était devenu importun à
Urbain VIII; une fois encore le désir d'arriver lui
avait fait manquer de tact et de mesure. Il n'est
homme si habile qui ne commette bien des fautes.
Heureusement le marquis de Cœuvres, causant avec
les neveux du pape, laissa échapper que Mazarin
était l'homme qui pouvait le mieux trancher les difficultés de la situation; cette parole décida le pape,
qui désirait avant tout faire sa paix avec Richelieu.
Mazarin partit donc pour Paris; cette fois, il se

trouvait sur la route de la fortune, mais il devait y rencontrer bien des obstacles, et celui qui triomphe de tous peut seul être appelé heureux.

Avec sa dextérité, sa connaissance des gens avec lesquels il avait affaire, Mazarin eut bientôt aplani toutes les difficultés, au grand contentement du pape et du roi. Ce dernier surtout le prit en amitié ; la souplesse de caractère, l'originalité d'esprit, la complaisance sans bornes du prélat italien plaisaient au monarque, habitué à la politesse hautaine de Richelieu ; souvent il venait le prendre dans son carrosse, attendant avec patience qu'il fût habillé. Ces marques de faveur n'effrayèrent pas Richelieu, mais elles le refroidirent un peu. Il appréciait sa capacité, il le destinait à lui succéder, mais on n'aime jamais son successeur. Sur la fin de sa vie, Louis XIII voyant son fils près de son lit : « Comment vous appelez-vous ? lui demanda-t-il. — Louis XIV, répondit l'enfant. — Pas encore, dit le roi, en le repoussant durement. » La position de Mazarin n'était rien moins qu'assurée, et il fallut qu'à trois reprises différentes la Fortune vînt lui donner des marques éclatantes de sa protection. La première de toutes fut la mort du père Joseph, l'ami, le confident de Richelieu ; tant qu'il eût vécu, Mazarin fût resté relégué au second rang, et c'est pour lui qu'était demandé le premier chapeau de cardinal accordé à la France. Même après la mort du père Joseph, Richelieu hésitait à accorder le chapeau à

Mazarin. Voici de quelle manière ce dernier l'obtint. « Le père Joseph, qui avait la nomination de la France, étant mort, raconte l'abbé de Choisy, le cardinal de Richelieu demanda à Chavigny, secrétaire d'État des affaires étrangères, sur qui il était d'avis de faire tomber cette grâce. Chavigny lui proposa Jules Mazarin ; mais le cardinal le rejeta d'abord, même avec des paroles de mépris. Chavigny insista, et le cardinal pressé répondit : « Nous verrons une « autre fois. » Là-dessus, Chavigny fit toutes dépêches au nom du roi en faveur de Mazarin, les envoya à Rome et engagea l'affaire. A quelques jours de là le cardinal lui en parla, mais Chavigny lui dit que c'était une affaire faite, qu'il en avait écrit au pape, et soutint toujours que le cardinal lui en avait donné l'ordre. Il prenait de ces sortes de libertés avec cette Éminence, qui avait pour lui des tendresses de père ». Même sous les hommes les plus despotiques est vrai le proverbe qui dit : « Le maître, c'est le valet. » Mazarin recueillait le fruit de ses prévenances et de ses amabilités pour la femme de Chavigny ; chaque fois qu'il revenait de Rome, il lui rapportait des gants parfumés, des eaux de senteur, des tableaux et des chapelets bénits. Quant à lui, il montra d'une autre façon sa reconnaissance à celui qui lui avait mis sur la tête le chapeau de cardinal ; il le força à vendre sa charge de ministre d'État, et il le fit enfermer à la Bastille. Richelieu avait agi de même avec La Vieuville. L'histoire des ambitieux se ressemble partout.

Un dernier péril vint menacer la fortune de Mazarin. Richelieu, étant déjà très malade, voulut l'envoyer à Rome pour le service du roi. Ayant fait venir Arnoul, qui travaillait à la marine, il lui dit : « Monsieur Arnoul, dans combien de temps pouvez-vous apprêter un vaisseau pour M. le cardinal Mazarin en Italie ? — Monseigneur, dit Arnoul, il y en aura un de prêt au premier jour. » Mazarin était présent à l'entretien : ne pas être là à la mort du cardinal, c'était perdre la partie, c'était renoncer au poste de premier ministre, qui appartiendrait au premier occupant. Aussi alla-t-il supplier Arnoul de traîner en longueur la mise en état de ce vaisseau, lui faisant mille promesses qu'il n'a pas tenues, selon son habitude. Pendant ce temps, l'état de Richelieu empira, et Mazarin se trouva à la cour pour recueillir sa succession. Et pourtant, c'est lui qui l'avait présenté à la reine en lui disant : « Madame, vous l'aimerez bien, il a de l'air de Buckingham. » Et pourtant il disait à sa nièce, qui revenait de la représentation de sa tragédie d'*Europe*, à laquelle il n'avait pu assister : « Ma nièce, j'instruisais un ministre d'État tandis que vous étiez à la comédie. » C'est lui enfin qui disait au roi : « Je ne sache qu'un homme qui puisse me succéder, et encore est-il étranger. » Mais le cœur humain a des profondeurs tellement insondables qu'il faut renoncer à analyser et à expliquer les divers sentiments qui l'agitent.

Après la mort de Richelieu, Mazarin se trouva

être un des trois ministres d'État qui conduisaient les affaires. Ce fut une période de transition ; aucune position n'était stable, et chacun attendait la mort du roi pour faire des projets d'avenir. « On était si las de son gouvernement, qui avait toujours dépendu des autres plus que de lui-même, et on avait de si grandes espérances de la conduite de la reine, que chacun désirait du changement, dit Montglat dans ses *Mémoires*. Aussi, durant sa maladie, qui fut fort longue, on connaissait sur le visage des courtisans l'état de sa santé, car tout le monde était triste quand il se portait mieux, et, dès qu'il empirait, la joie se remarquait dans les yeux de chacun. Quand il fut mort, tout le monde crut avoir sa fortune faite, mais cette opinion dura peu. » Il y a un spectacle plus triste que celui de cette cour assistant avec impatience à l'agonie du roi : c'est celui de cette même cour abandonnant le roi devenu cadavre pour se précipiter à l'adoration de son successeur. Dès le lendemain de la mort de Louis XIII, le château de Saint-Germain, où reposait son corps, était devenu désert ; la foule des courtisans, des seigneurs avait suivi la reine à Paris. Tel avait été l'empressement général à s'éloigner de la funèbre demeure qu'à grand'peine avait-on pu retenir en ce lieu trois personnages nécessaires pour autoriser l'ouverture du corps. Le cérémonial exigeait qu'il y eût un prince, un officier de la couronne et le premier gentilhomme de la chambre. Ce fut un prince étranger de maison

souveraine qui remplit cet office, ceux de la
maison de France étant trop occupés à intriguer
pour s'acquitter de ce devoir. Cet abandon des
princes et des grands est une sorte de revanche des
adorations qui les ont entourés pendant leur vie;
plus ils ont été élevés en puissance, plus grande est la
solitude qui se fait autour d'eux. Les voyageurs qui
ont pu assister, à Rome, à la mort d'un pape disent
qu'aucun spectacle ne peut affirmer plus haut le
néant des grandeurs humaines. Le pontife, qui
voyait l'univers entier prosterné à ses genoux, est
abandonné dans une chambre déserte, son palais
est mis au pillage : les cardinaux s'occupent du
futur conclave, ses neveux sont occupés à mettre en
sûreté les biens, fruits de leurs exactions, et si on
finit par lui donner la sépulture, c'est plutôt pour
se débarrasser de sa dépouille que pour lui rendre
honneur. C'est la réalisation du mot si philoso-
phique de Diogène, à qui l'on demandait qui l'en-
terrerait : « Celui qui aura besoin de ma maison »,
répondit-il.

Pendant cette sorte d'interrègne, Mazarin avait
eu besoin de toute sa finesse et de toute son habileté;
une circonstance s'était présentée qui pouvait à
jamais compromettre sa fortune. Louis XIII, toujours sous le coup des préventions que Richelieu
lui avait inspirées contre la reine, voulut l'exclure
entièrement du conseil de régence. Comme on lui
représenta que la chose était impossible, il composa

ce conseil d'une telle façon qu'elle y figurait seulement d'une manière accessoire et revêtue d'une autorité purement nominale. Il voulut faire enregistrer cette déclaration fort injurieuse pour Anne d'Autriche, lui demandant de la consacrer en quelque sorte par sa présence. La reine s'y refusa d'abord avec énergie; mais Mazarin lui fit dire en secret de se soumettre à cette humiliation nécessaire; que tant que son nom figurerait dans le conseil de régence, il y aurait moyen de tout arranger, mais que si elle en était exclue, tout avenir était brisé pour elle. Anne d'Autriche se soumit à cette nécessité, cédant déjà aux conseils de Mazarin, avec lequel elle entretenait des relations ignorées de tous. Pour donner davantage le change, le rusé Italien fit semblant, à la mort du roi, de préparer son départ pour l'Italie; personne alors ne douta de sa disgrâce, bien méritée par les expressions blessantes pour la reine insérées dans la déclaration de Louis XIII et que chacun lui attribuait. Il était fidèle à son principe, il cachait sa faveur naissante pour ne pas éveiller l'envie.

Au lendemain de la mort de Louis XIII, Anne d'Autriche s'était trouvée dans une position singulièrement embarrassante. L'adversité lui avait appris à réfléchir, lui avait enseigné la dissimulation, mais rien n'avait pu l'instruire dans l'art difficile du gouvernement. Elle eut bien vite conscience de sa propre inexpérience et de la complète incapacité des gens qui l'entouraient. Dans la joie de rentrer libre et maitresse, elle accordait toutes les demandes qu'on lui adressait : « La reine est si bonne !» disait-on, et les suppliques se multipliaient. Un incident vint pourtant l'arrêter dans cette voie. Sa première femme de chambre, appelée la Beauvais, et dont elle appréciait infiniment les services, vint lui demander les cinq fermes; Anne d'Autriche les lui accorda sans hésiter, croyant qu'il s'agissait de fermes de Normandie. Ses conseillers lui montrèrent qu'elle venait de se réduire à la misère, elle et le royaume, ces cinq fermes étant celles des impôts qui fournissaient à son entretien et à l'administration de la France. Elle revint sur sa promesse, et se montra plus circonspecte à l'avenir. Elle se convainquit bientôt que les hommes qui voulaient la gouverner ne s'y entendaient pas plus qu'elle. Condé était un ambitieux, avide de places et d'argent, et dont la capacité ne s'étendait pas au delà des opérations militaires. Le duc de Beaufort était un sot, bouffi de suffisance et de vanité, et dont les ridicules prétentions avaient compromis la reine au bout de deux jours. Quant à l'évêque de Beauvais, son aumônier, en qui elle avait toute confiance, il montra une telle ineptie qu'elle fut obligée de le renvoyer dans son diocèse. Lorsqu'elle lui présentait ses dépêches, il ne pouvait donner de réponse sur aucune. Mais ce qui acheva de le rendre ridicule, ce fut lorsqu'en plein conseil, à propos du renouvellement de

ANNE D'AUTRICHE

l'alliance avec les Hollandais, il déclara qu'on devait d'abord leur imposer l'obligation de se convertir.

Anne d'Autriche sentit qu'elle avait besoin d'un premier ministre, de la fidélité et de la capacité duquel elle pût s'assurer. Or, Mazarin réunissait toutes ces conditions. Étranger, sans appui à la cour, il lui devrait tout et ne pourrait compter que sur elle. Il n'avait pas, comme les autres prétendants au poste de premier ministre, des parents et des amis auxquels il faudrait distribuer les places et les commandements. (Elle ne prévoyait pas l'invasion des Mazarin, qui devait bientôt descendre des monts et mettre la France au pillage.) Quant à sa capacité, elle n'était pas douteuse : Richelieu, dont elle commençait à apprécier le jugement, l'avait proclamée bien haut. Puis, enfin, Mazarin avait su lui plaire et, dans l'esprit des femmes, il n'y a pas de raison supérieure à celle-là. Et cette prédilection pour lui n'était pas si cachée qu'elle n'eût frappé les yeux de plusieurs courtisans. Il faut lire la scène suivante, racontée par Brienne, pour assister à une des plus curieuses manifestations de la politique féminine.

« La reine voyait par elle-même, sans qu'il fût besoin de l'avertir, que l'évêque de Beauvais n'était pas capable de tenir près d'elle la première place dans le conseil ; cependant, elle ne pouvait se passer de premier ministre. Avant de se décider sur un choix si difficile, elle me fit l'honneur de m'appeler avec le président de Bailleul, et nous obligea l'un et l'autre à lui dire notre avis sans déguisement. M. de Bailleul parla le premier et donna sans marchander l'exclusion au cardinal Mazarin, comme à une créature du cardinal de Richelieu. Mais moi, qui m'étais aperçu déjà plus d'une fois de la pensée secrète qu'avait la reine pour Son Éminence, je crus devoir parler avec plus de réserve. Je dis donc que, dans la nécessité où Sa Majesté se trouvait de prendre un premier ministre, il me semblait que le cardinal Mazarin, dont l'humeur était fort douce, serait peut-être le meilleur qu'elle pût choisir dans la conjoncture présente, non à la vérité pour le garder, mais seulement pour l'éprouver quelque temps, et voir s'il lui conviendrait ou non ; après quoi, elle le nommerait premier ministre, ou le renverrait en Italie avec une honnête récompense. Je tempérais ainsi mon discours, afin de lui laisser le temps de nous découvrir sa pensée ; mais elle ne dit pas un mot, et continua de nous écouter dans le plus grand calme : je compris aisément dès lors que mon avis ne lui déplaisait pas.

» Cependant le président de Bailleul ne démordait point de son premier sentiment, et, croyant connaître la reine mieux que moi, persistait opiniâtrément à exclure le cardinal Mazarin, disant que, si Sa Majesté voulait avoir absolument un cardinal pour chef de ses conseils, il valait mieux qu'elle en

prit un français qu'un italien, et en même temps il
désigna le cardinal de La Rochefoucauld, sans le
nommer. Je dis alors, pour tirer la reine de l'embarras où la jetait ce discours, que ce n'était pas à
la dignité de cardinal qu'il fallait s'arrêter, mais à
la capacité du ministre qu'on choisissait, et qu'à
moins d'en prendre un qui connût parfaitement les
intérêts de la France et les affaires étrangères, on
serait toujours dans la même situation ; mais que si
la reine ne jugeait pas à propos de se servir du cardinal Mazarin, elle ne pouvait pas oublier un de ses
meilleurs serviteurs, que le cardinal de Richelieu
avait persécuté à cause d'elle, et que, pour celui-là,
on ne pouvait douter, sans lui faire injustice, de sa
suffisance ni de sa fidélité. Je me contentai de dire
ces choses en général, sans nommer M. de Châteauneuf. La reine, m'entendant à demi-mot, m'inter-
rompit et me dit avec un peu d'émotion : « J'ai deux
» raisons pour ne pas remettre de si tôt M. de Châ-
» teauneuf dans les affaires : la première, parce que
» ce serait trop ouvertement choquer la déclaration
» avant que je sois assurée si le Parlement la cassera,
» comme je l'espère ; et la seconde, parce que si je
» me résolvais à donner la première place dans mon
» conseil à M. de Châteauneuf, il faudrait qu'en même
» temps je me résolusse de pousser à bout toutes les
» créatures du cardinal de Richelieu, avec lesquelles
» il est irréconciliable. Sans cela, je n'hésiterais pas
» à m'en servir, et je le préférerais à tout autre ; mais,

» avant qu'il soit revenu de son exil et réconcilié avec
» ses ennemis, comment pourrais-je m'en servir sans
» me les attirer sur les bras? Je vous prie de bien
» penser à ce que je vous dis : M. de Châteauneuf est
» très capable de tenir la première place auprès de
» moi, mais le temps de l'y mettre n'est pas encore
» venu. Je vous défends même, me dit-elle en me
» regardant, vous, M. de Brienne, que je sais être de
» ses amis, de lui rien mander de tout cela ; vous me
» désobligeriez sensiblement ; et si je dois le rappeler,
» il ne faut pas qu'il croie en avoir l'obligation à
» d'autres qu'à Mme de Chevreuse, qui n'est pas peut-
» être si prête à revenir qu'on pense, quoique je sou-
» haite fort de la revoir. Je vous avoue que je com-
» mence un peu à craindre son esprit ; je ne la crois
» pas aussi disposée que je le suis à pardonner à nos
» ennemis communs, et à leur rendre, comme je pré-
» tends le faire, le bien pour le mal que j'en ai reçu. »

» C'était assez se déclarer ; et comme Sa Majesté
m'avait adressé la parole, je lui répondis qu'elle
savait bien que je n'avais jamais d'autre volonté
que la sienne ; que ce que j'avais dit de M. de Châteauneuf ne la devait pas surprendre, puisqu'elle
avait trouvé bon que je lui parlasse quelquefois en
faveur de cet illustre proscrit ; que je persistais
néanmoins dans mon premier avis, qui était de se
servir du cardinal Mazarin, et de le continuer dans
l'emploi en cas qu'elle s'en trouvât bien ; en un mot,
que je ne croyais pas que pour l'heure présente elle

pût mieux faire. M. de Bailleul, voyant qu'il n'y avait plus moyen de s'en dédire, tâcha de rhabiller le moins mal qu'il put ce qu'il avait dit d'abord avec un peu trop de chaleur contre Son Éminence; et, à mon avis, il eût mieux fait de ne rien dire du tout. La reine le tira de l'embarras où il était en l'assurant de son affection, et ajoutant qu'elle aurait soin de sa fortune. Puis, nous recommandant une fois encore à l'un et à l'autre de garder le secret sur ce qui s'était passé dans cette conférence, elle se leva de sa chaise et rentra dans sa petite chambre, où était M. de Beringhen.

» Elle lui rapporta mot pour mot tout ce qui venait de se passer. « Allez sur l'heure, lui dit-elle, en » rendre compte au cardinal; feignez d'avoir en- » tendu tous ces détails du lieu où vous étiez. Epar- » gnez ce pauvre président de Bailleul, qui est un » bon serviteur, vantez au cardinal le bon office que » lui a rendu Brienne; mais découvrez avant tout » quels sont les sentiments du cardinal pour moi, » et qu'il ne sache rien que vous ne sachiez, vous » d'abord, quelle reconnaissance il témoignera de » mes bontés. » M. de Beringhen partit à l'instant. Son Éminence était à jouer avec M. de Chavigny et quelques autres chez le commandeur de Souvré, qui leur avait donné à dîner. Le cardinal, dès qu'il vit Beringhen, laissa ses cartes à tenir à Bautru, son confrère; il passa dans la chambre voisine, où Be- ringhen et lui restèrent deux heures à s'entretenir, en sorte que M. de Chavigny en prit quelque ombrage. M. de Beringhen ne se découvrant au cardinal qu'avec de certaines précautions qui l'embarrassaient, Son Éminence ne témoigna d'abord ni joie ni surprise de ce qu'il put lui dire. Cette indifférence affectée obligea enfin Beringhen à lui avouer qu'il venait de la part de la reine. A ce mot, le fin Italien changea de conduite et de langage ; et, passant tout à coup d'une extrême réserve à un grand épanouissement : « Monsieur, dit-il à Beringhen, » je remets sans conditions ma fortune entre les » mains de la reine. Tous les avantages que le roi » m'avait donnés par sa déclaration, je les abandonne dès ce moment. J'ai peine à le faire sans » avertir M. de Chavigny, nos intérêts étant communs : mais j'ose espérer que Sa Majesté me gardera le secret, comme je le garderai religieusement de mon côté ». M. de Beringhen, qui ne se fiait à ses paroles que de bonne sorte, et qui, d'ailleurs, a coutume de prendre ses sûretés en toute affaire, le pria de lui donner par écrit l'assurance que renfermaient ses paroles. Le cardinal, prenant aussitôt son porte-crayon, écrivit dans les tablettes de M. de Beringhen ces mots remarquables : « Je » me désiste dès maintenant de tout mon cœur des » avantages que me promet la déclaration, que j'abandonne sans réserve, avec tous mes autres intérêts, à la bonté sans exemple de Sa Majesté. » Écrit et signé de ma main, le très humble, très

» obéissant et très fidèle sujet, et la très reconnais-
» sante créature : JULES, cardinal MAZARIN. » M. de
Beringhen eût bien souhaité que ce billet de Son
Éminence eût été écrit avec de l'encre, sur du papier, et non pas au crayon, sur un agenda. Mais le
cardinal lui dit qu'il n'en usait ainsi qu'afin de mieux
cacher la chose à M. de Chavigny et que, si la reine
le voulait, il écrirait, toutes fois et quantes, cet acte
respectueux de sa fidélité sur papier ou sur parche-
min s'il le fallait, et le signerait même de son sang.
Cette assurance contenta M. de Beringhen. Il pria,
toutefois, Mazarin de vouloir bien l'ajouter au bas
du billet, ce que celui-ci fit sans difficulté. »

Une faveur aussi grande, une prédilection aussi
ouvertement déclarée ne sont pas sans exciter bien
des jalousies et des inimitiés, surtout parmi ceux
qui se voient privés d'un poste qu'ils convoitaient.
Tous les anciens amis de la reine, tous ceux qui lui
avaient donné dans son malheur de si nombreuses
preuves de dévouement avaient espéré posséder sa
confiance entière et avoir part au gouvernement de
l'État. En se voyant supplantés par un nouveau
venu, par un étranger surtout, leur dépit ne connut
plus de bornes, ils usèrent de tous les moyens pour
ébranler son crédit et renverser sa faveur. Ils re-
présentèrent à la reine qu'elle se compromettait
par les longs entretiens qu'elle avait chaque soir
avec le cardinal, qui venait dans son oratoire lui
parler des choses de l'État ; ces entretiens se pro-

longeaient parfois très avant dans la nuit. Tous
vinrent lui faire des objections avec une liberté de
langage qui témoigne en faveur de sa patience et
de son bon caractère. Mme de Brienne, faisant un
soir la prière avec elle, prit occasion de lui dire les
bruits injurieux qui couraient sur elle, et de lui
demander quels liens l'unissaient à Mazarin. Anne
d'Autriche lui répondit qu'elle s'entretenait avec lui
uniquement des affaires de l'État, qu'elle ne sentait
pour lui aucun penchant coupable et que, si jamais
la chose arrivait, elle se déroberait au danger par
la fuite : elle se trouvait dans son oratoire, et elle
prit Dieu à témoin de la vérité de ses paroles. De
pareils serments n'en imposent pas à l'historien,
qui se souvient que, dans un des interrogatoires
auxquels la soumit Louis XIII, elle communia et
jura solennellement son innocence, ce qui ne l'empêcha pas, quelques jours après, d'avouer tous les
faits qu'on lui reprochait. Cet oratoire, dans lequel
se passa cette scène, joue un grand rôle dans la vie
de la reine; elle y passait plusieurs heures de la
journée, et elle s'y occupait au moins autant d'intrigues politiques que de dévotion. C'est là qu'elle
avait des entretiens secrets avec les chefs des divers partis; c'est là qu'elle prenait ses graves réso-
lutions. Le principal ornement de cette pièce était
un beau reliquaire, objet particulier de sa vénéra-
tion; c'est sur les reliques qu'il renfermait qu'elle
jura de ne plus écouter Mazarin lorsqu'il lui par-

lerait d'autre chose que des affaires d'État. Les princes du moyen âge juraient de tenir leur parole et d'observer les traités conclus avec leurs voisins en posant la main sur un reliquaire, qui les suivait partout; mais lorsqu'ils étaient dans l'intention de manquer à leur promesse, ils avaient soin, auparavant, de faire ôter secrètement les reliques, ne se croyant ainsi engagés d'aucune manière.

Beaucoup d'autres vinrent lui faire les mêmes observations, mais elle répondit par ces plaisanteries qui éludent toute discussion, et qui ne laissent même pas de possibilité de la reprendre. La duchesse de Chevreuse, sur l'influence de laquelle on comptait beaucoup, échoua complètement, et vit bien que son crédit était passé. Un de ceux qui firent preuve du zèle le plus indiscret, c'est Laporte, son valet de chambre, et la page suivante de ses *Mémoires* mérite d'être rapportée ici :

« La grande passion qu'avait Mme de Hautefort pour la conservation de la réputation de la reine n'avançait pas ses affaires en lui disant tout ce qu'elle savait; et moi, qui ne pouvais me distraire de ce zèle, de cet attachement que j'avais toujours eu pour elle, je n'en faisais pas mieux les miennes. Car, au commencement de la régence, la reine m'ayant ordonné de l'avertir de tout ce que je savais, qu'elle se fiait en moi et que je ne craignisse rien, je crus qu'elle entendait par là que je lui dirais bonnement tout ce qu'on dirait d'elle pour s'en ins-

truire et s'en corriger. Mais comme son dessein n'é-
tait autre sinon que je révèlerais ceux qui blâme-
raient sa conduite et que j'aurais une complaisance
aveuglé, nous ne nous entendîmes point, en sorte
que je la servais non selon son intention, mais selon
la mienne, qui était de la servir véritablement. Un
jour, après que le conseil fut fini, j'entrai dans le
cabinet des livres, au Louvre, où il se tenait, et je
trouvai la reine presque seule, car il n'y avait près
d'elle que M. de Guitaut, capitaine de ses gardes, et
Mlle de Siffredi, l'une de ses femmes de chambre.
Dès que Sa Majesté me vit, elle m'appela à son ordinaire, et me demanda ce qu'on disait. Suivant le
commandement qu'elle m'avait fait, je lui parlai librement, et peut-être un peu trop ; je lui répondis
que j'étais fort triste et que je ne savais ce que je
devais lui dire, qu'en ne lui disant rien je n'obéis-
sais pas à ses ordres, et qu'en lui rapportant les
bruits communs je me mettais au hasard de lui dé-
plaire. Elle me dit qu'elle voulait absolument que
je lui dise toutes ces choses, et qu'elle me le comman-
dait. Je lui dis donc que tout le monde parlait d'elle
et de Son Éminence d'une manière qui la devrait
faire songer à elle, que sa vertu l'avait mise où elle
était, que sa bonne réputation l'avait défendue de
ses ennemis, qu'elle avait su consoler toute la France
de la mort du feu roi, qu'elle avait vu elle-même
tout Paris aller au-devant d'elle ; que si elle ne répondait pas à ce qu'on attendait d'elle et qu'elle

donnât à ses ennemis sujet de la décrier, elle verrait bientôt un changement, non seulement dans les
esprits, mais aussi dans les affaires. Elle me demanda qui m'avait dit cela. Je lui dis : Tout le monde,
et que cela était si commun qu'on ne parlait pas
d'autre chose. Elle devint fort rouge et se mit fort
en colère, disant que c'était M. le Prince qui la dé-
criait et faisait courir ces bruits, que c'était un méchant homme. Je lui répliquai que puisqu'elle avait
des ennemis elle devait bien prendre garde de leur
donner sujet de parler; à quoi elle repartit que
quand on ne faisait pas de mal on ne devait rien
craindre. Je lui répondis que ce n'était pas assez,
et qu'il fallait garder les apparences, parce que le
public ne s'arrête pas à ce qui est, mais à ce qu'on
dit. Après avoir bien battu les vitres avec son éven-
tail, elle s'apaisa un peu; et je pris sujet de lui
dire qu'elle avait un exemple bien récent pour sa
conduite, savoir, celui de la reine mère Marie de
Médicis et du maréchal d'Ancre, et que les fautes
qu'elle avait faites la devaient instruire pour les
éviter : « Quelles fautes? me dit-elle. — D'avoir mal
» fait parler d'elle et de cet Italien, d'avoir aban-
» donné dans sa prospérité ceux qui l'avaient sui-
» vie dans sa première disgrâce, ce qui avait été
» cause qu'à sa seconde elle avait été abandonnée
» de tout le monde ou secourue fort faiblement;
» qu'elle n'avait point eu soin, dans sa prospérité,
» de s'assurer de bonnes places ou ports de mer ou

» frontières, ni fait provision d'argent, qu'enfin elle
» était morte de faim. » Elle me dit qu'elle y donne-
rait bon ordre et qu'elle ne craignait pas de manquer, parce qu'elle ne se départirait jamais du service du roi. Je lui dis alors que puisqu'elle se cha-
grinait, je ne l'avertirais plus de rien. Elle me dit
que ce n'était pas contre moi, et qu'elle voulait que
je continuasse à lui faire savoir toutes choses. Là-
dessus, il entra quelqu'un qui finit le dialogue.

» Je ne fus pas le seul qui donnai cet avis à la
reine, et qui lui apportai l'exemple de la feue reine
mère. M. Cottignon, père de mon épouse, que j'in-
troduisis un jour dans la chambre de Sa Majesté,
suivant la franchise de son naturel, lui dit la chose
devant le monde et avec beaucoup moins de réserve.
Cela arriva sur ce que la reine lui ayant dit que si
la défunte reine l'avait voulu croire, elle aurait
évité tous les malheurs qui étaient venus la frapper.
M. Cottignon lui répliqua librement : « Il est vrai,
» Madame, mais vous êtes toutes faites comme cela.
» Si vous voulez vous jeter par la fenêtre, il ne se-
» rait pas permis de vous retenir par votre robe, il
» faut vous laisser noyer. »

» Comme je voyais que tous ces discours fâchaient
la reine, j'essayai de la détromper par une autre
voie et plus libre et moins dangereuse. J'écrivis une
lettre où je marquai tous les bruits qu'on faisait
courir d'elle, ce qu'elle devait faire pour les faire
arrêter, et ce qui arriverait infailliblement, si elle

n'y mettait ordre. L'ayant fait copier d'une autre main, je la mis dans son lit, où elle la trouva en se couchant ; elle se mit fort en colère après l'avoir lue ; ce qu'elle me fit paraître le lendemain matin en me la montrant, sans pourtant me permettre de la lire, mais cette voie ne réussit pas mieux que les autres. »

Vraiment, la colère de la reine n'a rien qui étonne, et bien d'autres n'eussent pas montré autant de longanimité. D'après les paroles adressées par Laporte à la reine, il faut remarquer qu'il blâme Marie de Médicis de n'avoir pas su, dans sa prospérité, s'assurer de bonnes places, de ports de mer ou frontières. C'était alors l'usage de tous ceux qui touchaient au pouvoir ou à la cour de s'assurer un lieu de refuge contre les inconstances de la faveur et les revirements soudains de la fortune. Richelieu avait le Havre, dont il était gouverneur ; Mazarin avait le Brouage, où il confina Marie Mancini pour la soustraire aux obsessions de Louis XIV ; Fouquet avait Belle-Isle-en-Mer, où il n'eut pas le temps de se mettre à l'abri de la colère de Louis XIV. C'est ce qui explique la duplicité dont les souverains devaient user pour arrêter les princes et les grands, qui eussent pu si facilement échapper à leur recherche.

Ne pouvant ébranler la faveur de Mazarin, on essaya de le battre sur son propre terrain, de lui donner des rivaux. Dans toutes les cours, on voit régner les mêmes intrigues, qui changent seulement de formes selon les circonstances. Lorsque c'est un roi qui occupe le trône, un Louis XIV ou un Louis XV, toutes les préoccupations tendent à flatter et exciter ses passions; lorsqu'au contraire c'est une reine, une Élisabeth ou une Catherine, on lui cherche des favoris vainqueurs. On essaya de pousser un nommé Jarzé dans la faveur d'Anne d'Autriche. La femme la moins coquette ne saurait rester insensible à l'effet que produisent ses charmes, au désespoir qu'ils causent; et lors même qu'elle est bien décidée à ne reconnaître cette passion par aucun retour, elle prend en commisération la malheureuse victime. Aussi Anne d'Autriche, qui avait écouté sans colère les déclarations d'amour les moins déguisées faites par plusieurs de la cour, ne n'offensa-t-elle pas des regards langoureux et des distractions de Jarzé en sa présence; mais le jour où elle s'aperçut qu'il jouait un rôle, qu'il n'éprouvait aucun des sentiments qu'il essayait d'exprimer, elle en conçut un dépit mortel; elle le chassa de la cour avec un emportement dans lequel on sentait la femme outragée. La duchesse de Chevreuse, qui était femme, qui avait été amie de la reine, et plus à même par conséquent de donner un conseil perfide, suggéra au coadjuteur l'idée de supplanter Mazarin : « Si vous voulez bien jouer votre personnage, lui dit-elle, je ne désespère de rien; faites seulement le rêveur quand vous êtes auprès de la reine, regardez continuellement ses mains; pestez contre le cardinal et laissez-moi faire le reste. Nous concertâmes le détail, continue Retz, je suivis de point en point les avis de Mme de Chevreuse. La reine, qui était naturellement très coquette, entendit ces airs. Il y eut vingt ou trente conversations de cette nature, dans lesquelles il se trouva que la reine persuada à Mme de Chevreuse que j'étais assez fou de me mettre cette vision dans l'esprit. » Les mains d'Anne d'Autriche étaient en effet très belles, et elle ne se lassait pas de les faire admirer. La femme de l'ambassadeur de Danemark, admise à une de ses audiences, contempla la beauté de ses mains ; elle alla jusqu'à lever le linge de cou de la reine pour voir sa gorge, qui était fort belle, et elle exprima son admiration en termes qui ne déplurent point à Anne d'Autriche.

Mais tous ces rivaux avaient affaire à trop forte partie pour remporter la victoire ; Mazarin était ancré trop profondément dans le cœur de la reine pour en être chassé aussi facilement. D'abord il lui plaisait, et en semblable matière cette raison est sans réplique. Il lui avait plu dès le premier jour peut-être parce qu'il ressemblait à Buckingham. Voici son portrait, tel que le trace Brienne, qui a si longtemps vécu dans sa familiarité : « Il était d'une belle taille, un peu au-dessus de la médiocre. Il avait le teint vif et beau, les yeux pleins de feu, le nez grand et un peu élargi par le bout, mais qui ne laissait pas d'être assez bien proportionné au reste du

visage, le front large et majestueux, les cheveux
châtains et un peu crépus ; la barbe plus noire et
toujours relevée avec le fer, ce qui ne laissait pas
d'avoir bonne grâce. Il avait grand soin de ses mains,
qui étaient belles et propres ; il écrivait bien, c'est-
à-dire que son caractère était bien formé, et dictait
mieux encore. Il était toujours fort parfumé, et il
fallait lui parler bien matin pour s'apercevoir qu'il
sentît mauvais. Quant à son esprit, qui lui a rendu
de si bons services en sa vie, il était assurément fin,
pénétrant, délié, sage, judicieux, modeste, grand,
élevé. Il avait du cœur, on ne peut le nier, et, quoique quelques écrivains aient tâché de le faire passer
pour timide, je dois dire que je ne lui a jamais vu
de crainte pour la mort que lorsqu'il se vit abandonné des médecins. Dans tous les autres périls où
il s'est trouvé, il n'a point montré de faiblesse. Il
parlait bien, et toujours à propos. S'il raillait, c'é-
tait sans médisance, et il fallait bien être sensible
pour s'offenser de ses traits. La raillerie n'est point
défendue : qui n'aime point à se voir raillé ne doit
point aller à la cour. Il faut beaucoup d'esprit pour
se moquer des autres, et plus encore pour damer le
pion ; c'est en quoi le cardinal excellait. Peu de
gens, à la vérité, sur la fin de sa vie, s'avisaient de
le railler en sa présence, mais il n'en a pas toujours
été ainsi. Je ne lui avais jamais vu dire son bré-
viaire ; peut-être avait-il une dispense de Rome. Il
entendait la messe tous les jours, et communiait aux

grandes fêtes ; c'est toujours quelque chose. Du reste, il n'était pas scrupuleux, la pluralité des bénéfices ne l'embarrassait pas, Il aimait les spectacles et la comédie, les ballets et les fêtes ; mais surtout le jeu, auquel il donnait autant de temps qu'à la direction des affaires publiques. Il supportait la perte impatiemment, et se montrait trop sensible au gain. D'ailleurs, il faisait bien ses parties et prenait d'ordinaire un croupier qui savait mieux jouer que lui, tant il avait peur de perdre. Enfin (car je serais trop long si je voulais dire sur ce chapitre tout ce que je sais), il croyait que, tous les gros joueurs ayant la réputation de tromper, il ne lui était pas défendu de faire comme les autres, ce qu'il appelait d'un ton plus doux *prendre ses avantages.* » Ce mot rappelle celui de la marquise de La Ferté, jouant quand elle se trouvait dans sa terre avec ses fermiers et ses fournisseurs, et disant à Mme de Staal : « Je les triche, mais ils me volent. » D'abord, c'était l'habitude alors, et les grandes dames de Versailles, se levant de la table de jeu autour de laquelle elles passaient une partie de leurs journées, tranquillisaient leur conscience en se faisant mutuellement cadeau de tout ce qu'elles avaient pu se voler.

Ce n'est pas seulement par ces qualités extérieures que Mazarin, le plus bel homme du royaume, plaisait à Anne d'Autriche ; c'était par ses manières douces et insinuantes, par sa soumission sans bornes, par ses paroles mielleuses qui savaient trouver le chemin de son cœur. Il n'est personne comme les Italiens pour parler d'amour à une femme : il y a tant de flamme dans leur regard, tant de séduction dans leur langage que bien peu savent leur résister; celle qui pourrait garder son sang-froid s'apercevrait bientôt que ce sont de grands comédiens, que leurs yeux et leur bouche ne respirent que la fausseté, et que cette humilité, trop grande pour être naturelle, n'est que la mise en pratique du proverbe oriental : « Baise la main que tu ne peux couper. » Anne d'Autriche était espagnole, c'est-à-dire habituée dès l'enfance à la galanterie; elle était femme et reine, c'est-à-dire elle aimait les compliments, les doux propos, les adorations. Elle ne pouvait voir sans plaisir, elle qui n'avait plus vingt ans, un homme prosterné à ses pieds lui déclarer qu'elle était la plus belle, et se pâmer en baisant ses belles mains; elle ne pouvait s'empêcher de le croire lorsqu'il lui affirmait que c'était elle qui gouvernait le royaume, que tout se faisait par son ordre et par sa volonté, et elle acquiesçait à tout ce qu'il lui demandait, et elle consentait à toutes ses exigences, soit qu'il s'agît d'éloigner d'anciennes amies comme Mme de Hautefort ou Mme de Chevreuse, soit qu'il s'agît d'arrêter le duc de Beaufort. Voilà ce qui se passait dans ces entrevues secrètes qui avaient lieu chaque soir dans l'oratoire de la reine, et dont ses familiers se montraient si jaloux. Dans ces conversations moitié galantes, moitié politiques, il venait raffermir son pouvoir et poursuivre l'accomplissement de ses desseins. Aussi les multipliait-il le plus possible et, pour se trouver sans cesse dans le voisinage d'Anne d'Autriche, se fit-il donner une charge dans sa maison, ce qui l'autorisa à demeurer sous le même toit qu'elle, c'est-à-dire dans le palais bâti par Richelieu et légué par lui au roi. Justement, sur les instances de Mme d'Aiguillon, nièce de Richelieu, on venait de rétablir sur la façade l'inscription primitive de *Palais-Cardinal*; et le public, toujours porté à la satire, prétendit que la reine y avait consenti pour bien affirmer la toute-puissance de Mazarin.

C'est par ce moyen qu'il établit son pouvoir sur la reine; c'est en se montrant toujours soumis, galant, empressé qu'il sut conserver sa faveur et son amour. Que des liaisons intimes aient existé entre Mazarin et Anne d'Autriche, aujourd'hui l'histoire ne saurait douter. Leur correspondance, qu'on a retrouvée, en est une preuve irrécusable. Voici ce que Mazarin lui écrivait: « Je crois votre amitié à toute épreuve et tele que vous me dites; mays j'ay meilleure oppinion de la mienne, car elle me reproche à tout moment que je ne vous en donne assez de belles marques, et me fait penser à des choses estranges pour cela, et à des moyens ardis et hors du commun pour vous revoir; et sy je ne les exécute, c'est que les uns sont impossibles, et les autres de crainte de vous faire préjudice. Car sans cela j'eusse déjà azardé mille vies pour en pratiquer quelqu'une ; et si mon malheur ne reçoit bientôt quelque remède, je ne réponds pas d'être sage jusqu'au bout, car cette grande prudence ne s'accorde pas avec une passion tele que est la mienne. Peut-être j'ay tort, et je vous en demande pardon ; mais je croys que sy j'estois dans vostre place j'aurais déjà fait grand chemin pour donner moyen à *l'amy de me revoir. Mandé moy, vous prie, si je vous reverray et quand, car cela ne peut durer de la sorte.* Pour moy, je vous assure que cela sera quand mesme je devrais périr ; le plus grand ennuye que j'aye au monde je l'aymerais comme ma vie et du meilleur de mon cœur, s'il peut faire que je revoye Séraphin (la reine). » Ne faites pas attention à l'orthographe ; de semblables fantaisies sont d'autant plus permises à un étranger que les plus grandes dames de la cour n'écrivent pas mieux. Leur conversation est bien supérieure à leur correspondance ; les Sévigné, les Caylus sont rares, et la nièce de Richelieu, épousée par le grand Condé, avait dû le lendemain de son mariage entrer chez les Carmélites pour apprendre à lire et à écrire. C'est à une femme qui avait passé la cinquantaine, à une femme avec laquelle il était lié depuis dix ans que Mazarin tenait ce langage d'un amoureux de vingt ans ; mais c'est qu'il était exilé à Brühl, c'est qu'il sentait le besoin de ne pas se laisser oublier et d'avoir recours aux moyens les plus efficaces pour combattre l'éloignement et la haine de ses ennemis. Il savait bien qu'il frappait juste, car la reine lui écrivait : « Votre lettre m'a donné une grande joie ; je ne sais si je serai assez heureuse pour que vous le croyez. Si j'avais cru qu'une de mes lettres vous eût autant plu, j'en aurais écrit de bon cœur ; et il est vrai que de voir les transports avec lesquels on les reçut me faisait souvenir d'un autre temps dont je me souviens presque à tous moments, quoi que vous en puissiez croire. Si je pouvais aussi bien faire voir mon cœur que ce que je vous dis sur ce papier, je suis assurée que vous seriez content, ou vous seriez le plus ingrat homme du monde ; et je ne crois pas que cela soit. »

Les relations intimes de Mazarin avec Anne d'Autriche ne font aujourd'hui un doute pour personne ; il est également admis qu'aucun mariage secret n'intervint entre eux ; le ton de ces lettres suffirait à le prouver, et elles n'ont rien de conjugal. Ce qui n'est pas moins certain, c'est la nature du sentiment qui poussait Mazarin vers Anne d'Autriche. L'ambition seule le guidait ; à peine rentré chez lui, il s'empressait de déposer le masque et de se reposer de la fatigante comédie qu'il venait de jouer. Autant il avait été doux, poli, obséquieux, autant il se montrait dur et impérieux dans son intérieur : « Si vous saviez avec quelle rigueur il nous traitait ! dit Hortense Mancini dans ses *Mémoires*. Jamais personne n'eut les manières si douces en public, si rudes dans les domestiques, et toutes nos humeurs, nos inclinations étaient contraires aux siennes. » Mazarin, qui avait voulu loger au Palais-Cardinal pour être plus près de la reine, pour multiplier ses entrevues avec elle, se libéra de cette corvée dès qu'il crut son pouvoir suffisamment affermi ; dans cette intention, il acheta l'hôtel de M. Tubeuf et fit construire un magnifique palais, qui est devenu la Bibliothèque nationale. Brienne est mieux que personne à même de nous renseigner sur ce point.

« Si cette bonne princesse (il parle de la reine), car la bonté fut toujours la plus éclatante de ses vertus, eut tant d'estime pour le cardinal, on peut dire qu'il reconnut mal de si grandes faveurs. J'étais à toute heure dans la chambre de cet ingrat favori, et je lui ai ouï dire plusieurs choses qui marquaient assez le peu d'attachement qu'il avait pour elle ; ce qui m'a toujours, depuis, donné lieu de douter s'il avait jamais eu pour la reine, sa bienfaitrice, une véritable passion. Ce n'est pas que les plus fidèles amants n'en viennent quelquefois à ces extrémités, mais ils s'en repentent bientôt ; et d'ordinaire, les bourrasques qui durent peu sont suivies d'un calme fort doux. Tout bien considéré, le cardinal, quand il faisait semblant d'aimer la reine, n'aimait en réalité que les biens immenses qu'il recevait d'elle ; cela se peut appeler ambition, mais non pas amour, passions si différentes que pour peu qu'on ait aimé en sa vie il est difficile de s'y méprendre. Un amant aurait-il pu dire de celle qu'il aurait adorée, « qu'elle

» n'avait point d'esprit, que sans lui elle n'aurait su
» gouverner la barque de la France; qu'elle avait plus
» d'affection pour la maison d'Autriche que pour la
» maison dans laquelle elle était entrée ; que le roi son
» époux avait un juste sujet de le haïr et de se défier
» d'elle; qu'elle n'était dévote que par nécessité;
» qu'elle n'avait de goût que pour la bonne chère et
» se mettait peu en peine du reste »; et mille autres
choses de cette nature, ou pour mieux dire de cette
force, que j'ai entendues de mes propres oreilles,
non sans beaucoup d'indignation? Je me rappelle,
entre autres, quel fut l'objet d'une de ces sorties.
La reine avait fait don', par brevet, à la Beauvais,
sa femme de chambre, d'une grande quantité de
pierres destinées au bâtiment du Louvre. « Il faut
» avoir perdu l'esprit, s'écria le cardinal, pour faire
» de pareilles gratifications; le feu roi n'en aurait pas
» usé ainsi, et, en bonne justice, on devrait démolir
» l'hôtel Beauvais pour rendre au Louvre ce qui lui
» appartient. » Il prononça ces paroles avec cet esprit
d'avarice qui est sa passion dominante. Quarante
millions et autant d'abbayes qu'il avait acquis par
son savoir-faire ne lui semblaient pas trop pour lui ;
mais il ne pouvait souffrir qu'une princesse libérale
donnât à une personne qu'elle aimait, et qui la servait bien, quelques pierres pour bâtir sa maison.
Cela me mit en colère, et j'avertis la reine qui me
fit cette réponse: « Si je les lui avais données, il
» n'en aurait pas fait de bruit; mais Cathaut (elle

» appelait ainsi la Beauvais) aura, quoi qu'il en
» soit, les pierres qu'elle m'a demandées. Je le
» trouve plaisant de contrôler mes libéralités, lui à
» qui j'ai fait tant de bien, et qui a pris plus encore
» que je ne lui en ai donné. » Elle rougit à ces mots,
et je m'aperçus bien que leur rupture était sans
retour. »

Le charme avait cessé, mais le joug subsistait toujours et il était trop tard pour essayer de le secouer.
Mme de Motteville constate le même sentiment de
désillusion chez Anne d'Autriche : « Elle pleura
moins que le roi, dit-elle à propos de la mort de
Mazarin, étant plus dégoûtée des créatures par la
connaissance qu'elle avait de leurs imperfections;
en sorte qu'il fut bientôt aisé de juger que les défauts du mort ne tarderaient pas à lui paraître plus
grands qu'elle ne les avait encore vus, car il ne se
contentait pas d'exercer une puissance souveraine
sur tout le royaume, il l'exerçait sur les souverains mêmes qui la lui avaient donnée, ne leur
laissant la liberté de disposer de rien de considérable. »

Reste à élucider un problème d'ordre purement
psychologique, celui de la constance d'Anne d'Autriche à soutenir Mazarin, constance qu'on peut
mettre en parallèle avec la fidélité de Pénélope.
Un roi eût cent fois cédé devant les manifestations
si peu équivoques de l'opinion publique; tous
ceux qui ont eu des favoris ont dû, soit les aban-

donner, soit s'en séparer momentanément, pour donner satisfaction au vœu populaire ou à l'inimitié de leurs courtisans. Une femme seule était capable de tenir tête à l'orage pendant dix années, et de braver ainsi l'opinion. Cela tient à sa nature et à son caractère. Il ne faut pas dire que cela vient de son entêtement, toutes les femmes sont entêtées et toutes inconstantes. La cause en est au système même de la politique féminine. La femme est avide de domination, et en même temps hautaine et orgueilleuse ; elle n'admet pas que des obstacles puissent arrêter ses droits, qu'une volonté puisse contrarier la sienne : plutôt que de céder, elle brise, elle renverse tout, sacrifiant, s'il le faut, l'État et elle-même à la réalisation de ses fantaisies. Or, ces qualités sont juste le contraire de celles exigées pour un homme d'État ; c'est ce qui explique comment les femmes font de si mauvaise politique. Cette fois, Anne d'Autriche eut raison, et il se trouva qu'en soutenant Mazarin elle fut la seule personne sensée du royaume, comme lui se trouva d'être le seul qui eut du patriotisme. Mais il ne faudrait pas en faire honneur à sa perspicacité : en agissant ainsi, elle était poussée par son entêtement, qui était grand, comme on le vit pour le conseiller Broussel, alors que, l'émeute grondant à sa porte, elle s'écria en trépignant qu'elle aimerait mieux l'étrangler de ses mains que le rendre aux réclamations de la foule. Puis elle obéissait à son cœur, à l'inclination qu'elle éprouvait pour Mazarin, inclination que la Fronde et la persécution ne firent qu'augmenter et consolider. Si les esprits eussent été tranquilles, si Mazarin eût exercé en paix son ministère, il y a beaucoup de probabilité pour qu'Anne d'Autriche eût cédé à l'inconstance naturelle à son sexe, comme Élisabeth d'Angleterre et Catherine de Russie. Si Ulysse, au lieu de courir à Troie, fût resté à Ithaque, peut-être que Pénélope eût été choquée de ses défauts et eût prêté une oreille plus clémente aux déclarations qu'elle repoussait pendant son absence. Chaque nouvel acte de persécution, chaque nouvel exil du cardinal le lui rendait plus cher, le lui faisait davantage désirer. C'est que les femmes souffrent plus que nous encore de cette vague inquiétude qui nous pousse à désirer ce que nous n'avons pas, et dédaigner ce dont nous avons la libre possession. « Voulez-vous cesser d'aimer? Possédez l'objet adoré », disait la reine de Navarre. Elle aurait dû ajouter: « Voulez-vous aimer vivement? Soyez privé de l'objet de votre passion »; idée que les Orientaux ont exprimée d'une façon à la fois vive et saisissante: « La femme est comme l'ombre : suivez-la, elle vous fuit; fuyez-la, elle vous suit. »

LES NIÈCES DE MAZARIN

Le cardinal Portocarreo, voulant engager Louis XIV à nommer la princesse des Ursins camera-mayor auprès de la femme de Philippe V, lui dit avec une franchise qui frisait la brutalité : « Si vous choisissez pour occuper ce poste une dame de la cour d'Espagne, il faudra qu'elle fasse sa fortune, celle de ses parents et de ses amis, il en coûtera très cher au pays. La princesse des Ursins est étrangère, elle n'aura qu'elle à pourvoir, nous ferons donc une économie de cent pour cent. » Anne d'Autriche se fit sans doute un raisonnement de ce genre, en se trouvant entourée de solliciteurs sans vergogne parmi lesquels Mazarin était seul à ne pas figurer ; elle le voyait seul, isolé, ne parlant jamais de sa famille. Elle ne se doutait pas qu'après quelque temps de feinte modération, il allait appeler tous les siens auprès de lui et leur partager les richesses de la France, comme s'il se fût agi d'un simple gâteau des Rois. En agissant ainsi, Mazarin cédait à un sentiment naturel à tous les parvenus ; ils tiennent à faire venir leur famille sur le théâtre de leur triomphe, pour l'éblouir par la vue de leur nouvelle prospérité, et pour affirmer leur crédit aux yeux de tous en la leur faisant partager. Les femmes qui ont fait un beau mariage, surtout, sont coutumières du fait ; elles renouvellent l'histoire de Joseph faisant venir sa famille en Égypte, et la vanité les pousse à des générosités auxquelles leur cœur, livré à lui-même, ne les aurait jamais amenées. Mazarin avait, toutefois, un autre mobile que ce sentiment d'amour-propre facile à comprendre chez un Italien, plus encore que chez un autre ; il voulait employer ses nièces à se faire des alliances, à se créer des appuis ; il voulait, par leur moyen, entrer dans les grandes familles du royaume, les intéresser ainsi à son maintien et à sa faveur. Ses nièces n'étaient entre ses mains qu'un instrument, comme les filles à marier le sont en politique. Rappelez-vous Catherine de Médicis envoyant sa fille Marguerite passer la nuit dans l'appartement du roi de Navarre la veille même de la Saint-Barthélemy, afin de dérouter ses soupçons. « Mais vous l'envoyez à la mort ! » s'écrie la sœur de la princesse. Catherine impose silence à ces lamentations, et repousse sa fille qui s'en va en pleurant. Voilà la vraie politique telle qu'elle s'est toujours montrée, depuis Agamennon sacrifiant Iphigénie et Brutus immolant son fils. Ce n'est pas à la mort que Mazarin conduisait ses nièces ; mais, dans le choix d'un époux, il prétendait consulter uniquement son intérêt et nullement leurs convenances.

On pouvait regarder comme un acte de suffisance de la part de Mazarin de croire que les plus grands seigneurs de France se disputeraient l'honneur de ses alliances, alors que son pouvoir était ébranlé par des émeutes sans cesse renaissantes, alors que la cour, la ville, le Parlement se prononçaient contre lui, alors qu'il se voyait obligé de mener une vie de fugitif. Mazarin connaissait mieux les hommes : il savait que ces seigneurs qui guerroyaient contre lui, qui mettaient sa tête à prix, deviendraient souples et humbles dès qu'ils auraient la perspective d'une riche dot et de grands commandements ; il avait conscience que de cette façon il triompherait de l'opposition bien plus sûrement que par les armes et les édits. L'événement lui fit voir qu'il ne se trompait pas, et qu'on calcule toujours juste lorsqu'on compte sur la bassesse et l'avidité des courtisans. Les prétendants ne manquaient pas ; ils demandaient au cardinal une de ses nièces, n'importe laquelle. « C'est le cardinal que nous épousons », disaient-ils tout haut. Pourquoi les hommes se seraient-ils montrés moins pratiques que les femmes ? pourquoi auraient-ils dissimulé leurs vues ambitieuses, alors que Marie de Gonzague disait en parlant du roi de Pologne : « Ce n'est pas lui, c'est sa couronne que j'épouse. » On rendit donc aux nièces de Mazarin tout l'honneur qui leur était dû : deux dames de la cour allèrent les chercher à Rome; sur leur passage, on leur fit le même accueil qu'à des princesses. A leur arrivée à Paris, la reine leur fit mille caresses, leur fit partager les jeux et l'éducation du roi et de son frère; les courtisans s'empressèrent autour d'elles, tandis que Mazarin, continuant à jouer son rôle, allait se coucher, se moquant de ceux qui se précipitaient pour voir ses nièces. Au fond du cœur, il en était enchanté, il en eût voulu à ceux qui n'eussent pas montré de zèle; il eût volontiers imité cette funeste Caroline de Naples qui exilait les femmes coupables d'avoir accordé leurs faveurs au roi son mari, et qui exilait également celles qui avaient résisté à ses avances, comme ayant manqué à la majesté royale.

Sur la famille de Mazarin, sur l'effet qu'elle produisit en France, il est bon de consulter le témoignage des contemporains. Voici celui de Brienne, le ministre d'État, qui n'était ni un fraudeur ni un ennemi du cardinal. « Il a marié ses nièces : l'aînée, Laure de Mancini, au duc de Mercœur ; la seconde, Olympe, au comte de Soissons, prince de Carignan, mort colonel des Suisses; la troisième, Marie, fut mariée au connétable Colonnes; la quatrième, Hortense, au duc de La Meilleraye, que le cardinal obligea, en l'épousant, de changer de nom, et de porter désormais celui de duc de Mazarin, ensemble avec les armes de la maison Mazarine (si maison il y a), sans même les écarteler de celles de la Porte, qui sont meilleures et plus connues. La cinquième, Marie-Anne, enfin, fut donnée au duc de Bouillon, quoiqu'elle ne fût encore qu'une enfant ; elle a beaucoup d'esprit, mais point de jugement. L'aînée était belle et vertueuse ; la seconde laide et méchante ; la troisième ni belle ni laide, mais fine et dissimulée au possible, et qui, par sa mauvaise conduite, a obligé le connétable son mari de l'enfermer le reste de ses jours dans un couvent d'Espagne. Elle pensa épouser le roi, au moins le bruit en courut ; mais Dieu, qui a toujours protégé la France, la préserva de ce malheur. La quatrième, qui est une folle achevée, a épousé le duc de Mazarin ; elle n'a jamais aimé son mari, aussi n'est-il guère aimable ; et maintenant elle court le monde, la plupart du temps en homme. On dit qu'elle est en Angleterre et ne doit jamais revenir en France. L'aînée des Martinozzi (Anne-Marie) eut le bonheur d'épouser le prince de Conti, prince du sang de France ; et la cadette (Laure) épousa le duc de Modène, dont elle a une fille qui est maintenant mariée au duc d'York, frère de Charles II, roi d'Angleterre. Ces deux-ci sont demoiselles, au moins de père, et l'on peut dire qu'elles ont toujours été excessivement sages et très vertueuses, surtout la princesse de Conti, morte en odeur de sainteté. Il eût été difficile au cardinal de Mazarin de mieux marier ses nièces. Il avait, de plus, trois neveux du côté des Mancini; l'aîné, qui promettait beaucoup, et que j'aimais tendrement, reçut un coup de mousquet au petit ventre dans le combat du faubourg Saint-Antoine. Il en mourut quelques semaines après, à Saint-Denis, regretté du roi qui l'estimait fort. Toute la cour, à l'exemple du prince, le plaignit en apparence, plutôt à cause de la faveur de son oncle que pour l'amour qu'elle lui portait, car il était fier et s'était fait peu d'amis. Le second neveu du cardinal est le duc de Nevers, qui a partagé avec le duc de Mazarin les grandes richesses et les meubles précieux de son oncle. Il ne manque pas d'esprit assurément, mais il est fainéant comme le sont la plupart des Italiens à leur aise, et ne fait d'autre vie que d'aller de Paris à Rome et de Rome à Paris, où on le voit plus souvent à l'Opéra et à la Comédie Italienne qu'au Louvre et à l'église : je crois qu'à Rome c'est la même chose. Le troisième et dernier neveu, qu'on destinait à la profession ecclésiastique, fut tué dans le collège de Clermont par un accident tout à fait bizarre et qui toucha le cardinal. »

Comme le dit Brienne, Mazarin n'avait pas trop mal marié ses nièces, et, d'après cette simple nomenclature, on voit que c'est une véritable invasion italienne qui, à plusieurs reprises, descendit les monts pour s'abattre sur la France. Elle n'eut pas à se repentir de cette expatriation ; les parents de Mazarin.

se partagèrent son immense fortune : les quarante
millions en espèces entassés dans ses coffres, les tableaux, les statues, les animaux, les curiosités de
tout genre rassemblées dans ses palais, et les palais
eux-mêmes, enfin les commandements des armées,
les gouvernements des provinces furent prodigués à
ceux qui avaient épousé ses nièces; de cette façon,
une partie de la fortune publique se trouva dans les
mains d'une seule famille. La France est le pays où
il en coûte le plus cher pour être gouverné; c'est
pour cela, sans doute, que tant de gens veulent se
charger de la besogne.

Les nièces de Mazarin ont joué un rôle dans notre
histoire; l'une d'elles a même failli s'asseoir sur le
trône de France; elles figurent parmi ces grandes
dames du XVIIe siècle qui ont été fameuses par leur
esprit, leur beauté, leurs aventures. A ce titre elles
doivent prendre place dans ce récit, pour faire connaître les résultats de la politique de famille du
cardinal Mazarin. Trois d'entre elles sont de douces
et de bonnes créatures, qui ont conquis l'estime de
leurs contemporains et celle de la postérité.

Laure de Mancini ouvre la liste de ces alliances
illustres. Mazarin avait d'abord voulu la marier avec
le duc de Candale, héritier des d'Épernon et la co-
queluche des dames de la cour. Mais ce jeune seigneur n'était pas pressé de se faire le captif d'une
seule femme : il aimait mieux courir de l'une à l'autre. Il fit tant qu'il mourut avant de s'être décidé,

pleuré par toutes celles qui l'avaient aimé, et le nombre en était grand, pleuré par celles mêmes qui ne l'avaient pas connu, et qui, de cette façon, voulaient se donner un genre. Mazarin, voyant qu'il ne fallait pas compter sur ce gendre, se décida pour le duc de Mercœur, petit-fils de Henri IV et de Gabrielle d'Estrées, héritier de ces Vendôme qu'il avait dû faire emprisonner à son entrée au ministère, comme l'avait fait Richelieu quinze ans auparavant. En faveur de ce mariage, il rendit à Vendôme le gouvernement de Bretagne, la charge de grand-amiral, et il donna au duc de Mercœur le commandement de plusieurs armées et le gouvernement de la Catalogne. Toutefois, ce n'était pas seulement Mazarin que le duc de Mercœur épousait ; c'était aussi sa nièce, dont la beauté et la douceur l'avaient séduit. Il fit voir combien il tenait à ce mariage : pendant les pourparlers, Mazarin avait été obligé de s'enfuir à Brühl ; Mercœur s'y rendit et alla y célébrer son mariage, acte qui lui fut amèrement reproché par le Parlement, qui devait, quelques années plus tard, accabler ce même Mazarin de bassesses et de flatteries. Le duc de Mercœur fut récompensé de sa constance ; il eut une femme douce et bonne, la plus grande félicité qui puisse arriver à un homme, félicité malheureusement trop rare. Après quelques années de mariage, Laure Mancini mourut en couches ; son mari en éprouva un tel chagrin que, laissant charges et commandements, il alla s'enterrer dans un couvent, faisant ainsi de sa femme le plus bel éloge qu'il soit possible d'imaginer. « Je canoniserais une femme dont le mari ne se plaindrait pas », a dit un pape ; malheureusement il est mort avant Laure Mancini, c'est pour cela que la duchesse de Mercœur ne figure pas au nombre des saintes. Laure Mancini fut regrettée par Louis XIV, qui avait vécu familièrement avec elle comme avec toutes les nièces de Mazarin, et qui, pour l'amour d'elle, avait commis un jour une faute contre l'étiquette. « Le roi, raconte Mme de Motteville, trop accoutumé à rendre tous les honneurs aux nièces du cardinal, alla dans un ballet prendre Mme de Mercœur pour commencer le branle. La reine, surprise de cette faute, se leva brusquement de sa chaise, lui arracha Mme de Mercœur, en lui disant tout bas d'aller prendre la princesse d'Angleterre. La reine d'Angleterre, qui s'aperçut de la colère de la reine, courut après elle et lui dit tout bas qu'elle la priait de ne point contraindre le roi, que sa fille avait mal au pied et qu'elle ne pouvait danser. La reine lui dit que, si la princesse ne dansait, le roi ne danserait point du tout. Ainsi la reine d'Angleterre laissa danser la princesse sa fille, et dans son âme fut mal satisfaite du roi. Il fut grondé le soir par la reine, sa mère, mais il lui répondit qu'il n'aimait pas les « petites filles ». Qui eût pu deviner dans ce jeune prince, si oublieux des convenances, le dominateur de Versailles qui devait élever l'étiquette à la hauteur d'une institution

Anne-Marie Martinozzi fut aussi une douce et inof-
fensive créature, et de plus un instrument utile
entre les mains de son oncle. Son mariage fut un vrai
coup de partie; elle épousa le prince de Conti, frère
du grand Condé, juste le jour où le Parlement pro-
nonçait la peine de mort contre cet illustre guerrier,
rebelle et fugitif. Par cette union, le prince de Conti
échappait à l'influence de Condé, surtout à celle de
sa sœur, Mme de Longueville, qui avait exercé sur
lui un grand ascendant, trop grand même, disent les
contemporains. Après la reddition de Bordeaux, se
trouvant délaissé, humilié, criblé de dettes, il écouta
ses familiers, qui lui conseillaient de se rapprocher de Mazarin et d'imiter Candale, qui devait
épouser une de ses nièces. Le poète Sarrazin fut envoyé en négociateur; le cardinal lui donna à choisir entre toutes ses nièces; il refusa Olympe Mancini, dont les yeux noirs et ardents lui firent peur,
et se décida pour Anne-Marie Martinozzi. Cependant,
le prince de Conti s'était laissé reprendre par
ses habitudes de débauche et d'orgie; lorsque Sarrazin revint vers lui, annonçant le traité qu'il venait
de conclure, le prince, mécontent de se voir marié,
et surtout furieux de cette mésalliance, l'accueillit
à coups de pincettes et faillit l'assommer. Il était
coutumier du fait, et, dans ses moments d'impatience, il prenait son aumônier par la gorge, le ser-
rait à l'étouffer et le jetait à la porte; on ne se
gênait pas dans la maison des Condé. Néanmoins,

lui qui avait crié tout haut qu'il épousait le cardinal et non sa nièce dut s'exécuter. Il n'était pas très malheureux ; lui, qui était petit et bossu, trouvait une femme douce, agréable et empressée. Il s'en montra jaloux à l'excès ; celle-ci supporta cette humeur bizarre sans s'en plaindre ; elle n'imita pas cette autre princesse de Conti, à qui son mari recommandait, en la quittant, de ne pas lui faire d'infidélité : « Je n'en ai envie que lorsque je vous vois », lui répondit-elle. Après son mariage, le prince de Conti continua à subir l'influence de Mme de Longueville ; lorsque celle-ci embrassa le jansénisme, il s'y jeta à corps perdu, et pour signaler son zèle, lui, qui avait protégé les débuts de Molière, écrivit un livre contre les spectacles. Il eût mieux fait d'imiter sa sœur et de réparer, comme elle, les dégâts causés par ses troupes dans les diverses provinces. La princesse de Conti avait suivi son mari dans la voie de la dévotion, et, lorsqu'elle l'eut perdu, elle devint avec Mme de Longueville une de ces Mères de l'Église qui portèrent leur esprit brouillon dans les affaires ecclésiastiques et hâtèrent la ruine du jansénisme. Elle mourut quelques années après son mari, frappée d'apoplexie. Le roi la regretta moins que sa sœur ; peut-être se souvenait-il d'une scène assez sotte qu'elle lui avait faite. Un jour, en dansant avec elle, ce prince, qui était fort libre avec les nièces de Mazarin, en compagnie desquelles il avait été élevé, s'avisa de lui dire une galanterie un peu

vive ; au lieu de n'y pas faire attention , ce qui est
la meilleure façon pour une femme honnête et spirituelle de s'en tirer, elle quitta la main du roi et
fit un véritable esclandre au milieu du bal. Le lendemain, grande fureur de Mazarin, non contre le roi,
mais contre sa nièce qui lui avait ainsi manqué de
respect, et qu'il força à aller lui faire des excuses.
C'est que les courtisans ne transigent pas avec
leurs devoirs ; la mère de l'abbé de Choisy, qui était
une maîtresse femme, apprend que son fils n'a pas
été rendre visite au neveu de Turenne, parce que
celui-ci était l'ami d'un homme avec lequel il plai-
dait : « Le neveu de M. de Turenne est arrivé, et
vous n'êtes pas encore allé le voir , lui cria-t-elle ;
courez-y, ou ne rentrez pas chez moi ce soir. »

L'histoire de Laure Martinozzi est plus courte
encore. Belle et pieuse, elle épousa le duc de Modène, qui, dévoré par la goutte , la laissa bientôt
veuve. Elle administra sagement son duché jusqu'à
la majorité de son fils ; le jour où il atteignit ses
quatorze ans, elle le lui remit, et se retira à Rome,
où elle vécut paisiblement, après avoir marié sa fille
au roi Jacques II d'Angleterre. Voilà un fait vraiment étrange et presque sans précédent : une
femme qui est princesse souveraine, qui est belle-
mère d'un roi puissant, qui ne cherche pas à retenir le pouvoir dans ses mains, et qui s'en débarrasse
comme d'un fardeau trop pesant. A cette absence
complète d'ambition , Mazarin n'eût pas reconnu

Laure Martinozzi pour sa nièce ; il l'eût certainement reniée.

Mais il eût revendiqué comme sienne Olympe Mancini ; dans elle il eût reconnu son sang et sa famille. De son vivant, cette jeune fille brune, au visage allongé, aux yeux vifs et pleins de feu, était sa préférée ; il retrouvait chez elle son penchant pour l'intrigue et pour l'ambition. Aussi faillit-il la faire asseoir sur le trône de France, et Olympe eut plus de chances que sa sœur Marie pour devenir reine. A ce moment, le cardinal était tout puissant ; la reine de Suède, alors à Paris, poussait à cette union. Une seule chose empêcha Mazarin de tenter ce coup de fortune. Les horoscopes lui avaient tellement dit qu'il ne viendrait pas à bout de cette entreprise qu'il ne la poussa pas plus loin. On se refuserait à croire qu'un esprit de cette étendue et de cette perspicacité pût céder à des mobiles de ce genre, si des témoignages irrécusables ne venaient l'attester. Mazarin était superstitieux comme les Italiens, ses compatriotes, comme le sont en général les aventuriers et les gens de fortune, à commencer par Napoléon. En croyant à l'astrologie, il ne faisait que partager une erreur commune à ses contemporains, même aux plus instruits et aux plus intelligents. Lorsque Anne d'Autriche eut accouché de Louis XIV, elle fut curieuse de savoir quelle serait sa destinée ; elle en parla à Richelieu, et celui-ci envoya quérir Campanella, fameux astrologue qu'il avait tiré des prisons de l'Inquisition de Milan, et lui ordonna de tirer l'horoscope du dauphin, sans déguiser en rien la vérité. Ce philosophe, ne pouvant rien refuser au cardinal, fit dépouiller le dauphin tout nu, l'examina à plusieurs reprises, et au bout de quelques mois envoya un horoscope conçu en ces termes : « Cet enfant sera voluptueux comme Henri IV et très orgueilleux. Il régnera longtemps, éprouvera de nombreuses difficultés, mais sera heureux. La fin de son règne sera malheureuse, et il y aura de grands troubles dans l'État et dans la religion. » Cet horoscope se trouve sur une gravure de 1638, qui appartient à la Bibliothèque nationale ; on y voit relaté le fait que nous venons de rapporter, et on lit au bas : « Le système du monde au moment de la naissance de Louis le Grand, le 5 de septembre, à onze heures du matin. » C'est le cas de répéter le mot de Henri IV qui, voyant plusieurs astrologues occupés à tirer l'horoscope de Louis XIII, s'écria : « Ils mentent tant qu'à la fin ils diront vrai ». Mais Henri IV était en avance sur son siècle, en avance sur Richelieu qui consultait aussi Campanella, et qui laissait faire un procès de sorcellerie à Urbain Grandier ; en avance sur toutes les grandes dames de la cour de Louis XIV, qui allaient chez la Brinvilliers, d'abord pour faire tirer leur horoscope, ensuite pour acheter des poisons; en avance sur Mazarin, qui recourait à l'astrologie à chaque instant. Lorsque Marie Mancini faillit à son

tour devenir reine de France, elle fit venir un astrologue arabe pour lui tirer son horoscope. Mazarin
chassa cet étranger, mais il alla consulter ses astrologues ordinaires, et c'est probablement leur réponse défavorable qui le dissuada de lutter contre
l'opinion d'Anne d'Autriche, exprimée d'une façon
très énergique. Qu'y a-t-il d'étonnant à voir Mazarin
tomber dans une erreur vers laquelle Descartes
inclinait lui-même ?

Ce n'est point par sa beauté qu'Olympe Mancini
avait plu à Louis XIV, mais par ses manières douces
et insinuantes, par l'habileté qu'elle avait à deviner
ses goûts, à partager ses plaisirs ; elle remplissait
près du jeune prince le rôle que Mme de Maintenon
devait remplir près du vieux monarque. Vive, en-
jouée, pleine d'entrain, elle aimait les fêtes, les
spectacles, les représentations théâtrales, telles que
les avait organisées Mazarin, qui avait introduit
l'opéra en France, car c'est à lui que nous le devons,
il ne faut pas l'oublier, et certainement les esprits
frivoles lui en sauront plus de gré que de la signa-
ture du traité des Pyrénées. Elle aimait surtout les
ballets, et elle avait ce goût de commun avec le
jeune monarque ; mais il ne s'agit point des ballets
tels que nous les connaissons, dansés sur un théâtre
par des artistes payés. Ces ballets étaient dansés
par les principaux personnages de la cour, le roi
en tête. Ils étaient composés de danses de divers
caractères et accompagnés de vers faits par les

meilleurs poètes de l'époque sur chacun des personnages qui y figuraient. Benserade excellait dans ce
genre, il y déployait beaucoup de grâce, mais une af-
féterie de langage qui nous choquerait aujourd'hui.
Ainsi, dans le Ballet des Saisons, il disait d'une
des nièces de Mazarin, encore très jeune, et qui
remplissait un rôle de Muse :

> Cette petite muse en charmes, en attraits,
>   N'est à pas une inférieure :
>   Aussi, pas une jamais
> N'eut l'esprit et le cœur formés de si bonne heure.

Les nièces de Mazarin n'étaient pas seules à
figurer dans ces ballets ; toutes les dames, toutes
les demoiselles de la cour y avaient leur place mar-
quée. C'est dans un de ces ballets que Louis XIV vit
pour la première fois Mlle de Sévigné, fille de
la spirituelle marquise. Elle était éblouissante de
beauté, et son costume d'amazone faisait ressortir
à merveille tous ses attraits. Benserade lui adressa
quatre vers qui effraieraient nos oreilles plus réser-
vées que celles des grandes dames de Versailles.

Le plus grand nombre des vers étaient faits à la
louange de Louis XIV, qui y prenait tant de plaisir
que ses familiers l'entendaient les chantonner dans
ses promenades. Henri IV, Louis XIII, Sully, les
hommes les plus graves avaient partagé ce genre de
divertissement, fort connu alors. Un jour, Henri IV
est malade ; les seigneurs de son entourage, Bassompierre en tête, apprennent un ballet et vont le

danser devant lui pour le distraire. Un autre jour, ce prince entre chez Marie de Médicis ; les dames et demoiselles de la cour répétaient un ballet : la première de toutes était la belle Charlotte de Montmorency, tenant un dard qu'elle semblait diriger contre le roi. Le dard entra si profondément qu'il resta fixé dans le cœur d'Henri IV, faisant une blessure dont il ne put jamais guérir. Ce n'était pas seulement à la cour qu'on dansait des ballets, on en dansait dans les sociétés particulières ; on en dansait jusque dans les collèges. Au collège des Jésuites de Clermont on représenta le ballet *la curiosité* ; il y avait quatre curiosités : deux mauvaises, qui sont la curiosité inutile et la curiosité pernicieuse ; deux bonnes, qui sont la curiosité raisonnable et la curiosité nécessaire. On s'en étonnera moins quand on saura qu'alors la danse entrait dans l'éducation, au point de vue du maintien, des salutations et des révérences. Et quand Louis XIV établit l'Académie royale de Danse, il n'avait d'autre but que de former des professeurs destinés à donner à la jeunesse un enseignement qui lui était indispensable. Telle est la véritable origine de l'Académie de Musique, qui a bien dévié de sa première destination. Quand l'âge fut venu alourdir les membres de Louis XIV, quand il éprouva le besoin d'en imposer à son entourage par une plus grande majesté, il y renonça pour toujours. Ces raisons seules l'y déterminèrent ; il ne faut pas ajouter foi à la fable des vers de *Britan-*

nicus opérant cette transformation. Louis XIV n'était pas homme à écouter les remontrances comme son prédécesseur, et Racine n'avait pas l'autorité de Richelieu. Si Louis XIV eût cru voir la moindre allusion dans les vers du poète, il l'eût châtié, loin de céder à ses conseils : pourquoi ne montra-t-il pas toujours la même sagesse ?

Olympe Mancini, qui au fond était très pratique, comme le sont toutes les femmes lorsqu'il s'agit de mariage, s'aperçut bien vite qu'il ne fallait pas fonder de trop grandes espérances sur l'amour de Louis XIV. Il aimait la danse, le plaisir, mais il partageait ce goût avec l'essaim des jeunes beautés qui lui formait un cortège. Olympe, qui n'ambitionnait en aucune façon le titre de vestale, demanda à son oncle de la marier. Celui-ci l'avait essayé deux fois sans succès : il l'avait proposée au prince de Conti, qui avait préféré Anne-Marie Martinozzi ; il l'avait offerte au duc de Modène, qui s'était prononcé pour Laure Martinozzi. Un autre parti se présenta, moins brillant que ces deux derniers, mais encore bien beau pour la fille du notaire de Mujaro. Le prince de Savoie-Carignan sollicita de Mazarin l'honneur de son alliance. Celui-ci s'empressa de lui donner Olympe Mancini ; mais, dans son orgueil de parvenu, trouvant la maison de Savoie de trop mince noblesse, il lui fit prendre le nom de comte de Soissons. Il lui octroya ce qu'il donnait aux maris de ses nièces : une belle dot, de

grands commandements, et il établit les nouveaux
époux dans cet hôtel de Soissons si célèbre par ses
souvenirs et par sa magnificence, et qui s'élevait
sur l'emplacement actuel de la Halle au blé. Le roi
s'empressa de revenir vers Olympe Mancini; l'hôtel
de Soissons devint le centre des plaisirs, des fêtes,
des réjouissances, et toute la cour y suivait le monarque, qui s'y rendait presque chaque jour. Il y eut
une éclipse passagère à cette faveur dont jouissait
Olympe Mancini; sa sœur Marie lui succéda dans le
cœur du jeune roi, qui montra pour elle une passion
violente, et qui fut sur le point de mettre sur son front
la couronne de France. Pendant qu'elle était toute-
puissante sur l'esprit de Louis XIV, elle exigea
qu'il cessât ses visites auprès de sa sœur Olympe; on
a retrouvé plusieurs lettres dans lesquelles éclate
ce sentiment de jalousie qui vit au fond du cœur de
toute femme. La passion du roi pour Marie fut comme
celle qu'il avait éprouvée pour Olympe: après avoir
jeté un vif éclat, elle s'éteignit soudain; après son
mariage, il revint à l'hôtel de Soissons comme par
le passé; et tandis que Marie partait en Italie épouser le prince Colonna, ce prince ingrat donnait à
Olympe une nouvelle marque de sa faveur, en la
nommant surintendante de la maison de la reine.

Mais quelle est donc la félicité stable en ce monde?
Solon n'avait-il pas raison de dire à Crésus que nul
homme ne peut être appelé heureux avant sa mort?
Louis XIV devint amoureux de La Vallière, et cette

passion, plus ardente que celle éprouvée pour Marie Mancini, l'éloigna de nouveau de l'hôtel de Soissons. Olympe comprit que, cette fois, elle se trouvait en présence d'une rivalité redoutable, et elle sentit se réveiller son génie pour l'intrigue. Elle avait donné un successeur à Louis XIV, ou plutôt elle lui en avait donné deux : elle avait pris le comte de Soissons pour mari et le marquis de Vardes pour servant. Lors même que son tempérament d'Italienne ne l'y eût pas porté, lors même que les exemples qu'elle avait sous les yeux ne l'y eussent pas engagée, il lui eût été bien difficile de résister aux séductions du marquis de Vardes : toute femme attaquée par lui devait fatalement succomber. Il appartenait à cette race de séducteurs dont les femmes ne sauraient trop se défier; le sentiment qui les attire vers eux n'est plus le même que celui qui les pousse vers les hommes qui se signalent par de grandes vertus ou par de généreuses actions ; ce sentiment-là du moins porte son excuse avec lui, il élève et ennoblit l'âme, tandis que l'autre l'abaisse et l'humilie. Les femmes se sentent d'autant plus attirées vers les séducteurs qu'ils participent, pour ainsi dire, de leur nature, qu'ils ont les mêmes défauts et les mêmes qualités et qu'ils les combattent avec leurs propres armes. Comme elles, ils ont le don des larmes, la parole caressante et flatteuse, une habileté sans égale pour jouer la comédie, beaucoup de frivolité dans l'esprit, enfin des manières douces et insinuantes auxquelles il est bien difficile de résister ; chez eux, les triomphes, les succès produisent le même effet que chez les coquettes ; ils rendent vains, présomptueux, sans parole, sans foi, traîtres et méchants, ils leur font trouver un malin plaisir à briser les cœurs de celles qui les ont le plus aimés. Le marquis de Vardes disant à ses amis, à propos d'Henriette d'Angleterre, femme du duc d'Orléans, qui l'avait aimé au point de lui laisser prendre les lettres de son frère Charles II : «Ne vous amusez pas aux soubrettes, allez à la princesse», est le pendant du maréchal de Richelieu répondant à une de ses maîtresses de haut lignage, qui lui écrit qu'elle s'est déguisée et l'attend dans les cuisines du Palais-Royal : — Restez-y, mon amour, vous êtes à votre vraie place avec les marmitons.

Tel était le marquis de Vardes, qui fit sentir au rude Louvois lui-même le charme entraînant de sa parole caressante, et à qui quelques mots suffirent pour faire tomber le ressentiment de Louis XIV, fortement irrité contre lui à cause de l'intrigue ourdie par la comtesse de Soissons.

Elle imagina avec Vardes de faire renvoyer La Vallière, et de donner au roi une autre maîtresse qui serait de leurs amies. Pour mener à bien ce complot, elle se joignit à Henriette d'Angleterre, belle-sœur de Louis XIV. Cette princesse avait été l'objet des attentions de Louis XIV, qui les avait portées

ailleurs ; elle en fut froissée, comme toute femme
l'est en pareille occasion ; mais ce qui augmenta son
dépit, c'est qu'il avait pris sa nouvelle passion parmi ses propres filles d'honneur, et que, dans les
visites qu'il lui rendait, il venait moins pour elle
que pour voir La Vallière. Voici quel moyen elles
employèrent. Olympe Mancini ramassa dans la
chambre de la reine une enveloppe venant d'Espagne et qui avait contenu une lettre adressée à
Marie Thérèse : les enveloppes ne datent pas d'aujourd'hui, et il n'y a rien de nouveau sous le soleil.
Dans cette enveloppe on inséra une lettre écrite en
espagnol, par laquelle on faisait connaitre à la
reine les amours du roi pour La Vallière et on
l'engageait à demander son expulsion. Puis, on la
donna à une femme de chambre de la reine, en la
priant de la lui remettre. Celle-ci, se doutant peut-
être de quelque chose, la porta au roi, dont la colère fut très grande. Il alla justement consulter Vardes, qui n'eut pas de peine à lui persuader que cette
lettre était de Mme de Navailles. Cette dame était
gouvernante des filles d'honneur ; s'apercevant que
des individus s'introduisaient pendant la nuit dans
la chambre des filles d'honneur, elle fit mettre une
grille à la cheminée par laquelle ils descendaient.
On eut beau lui dire que c'était le roi et ses amis qui
venaient ainsi, elle persista dans sa résolution, et
dit au roi en face qu'elle remplirait les devoirs de
sa charge et qu'elle ne souffrirait pas que la chambre

des filles d'honneur fût déshonorée. Louis XIV n'eut pas de peine à croire coupable une femme qui lui avait si ouvertement résisté, et il la força à donner sa démission. Plus tard, il reconnut son erreur, et il accorda un gouvernement à son mari. Mais il se garda bien de les rappeler à la cour ; de tels exemples n'étaient pas bons à donner ; tout au plus fallait-il des hypocrites austères dans le genre du duc de Montausier, qui affectait tous les dehors d'une grande rigidité et qui prêtait les mains aux amours de Louis XIV.

Les choses se fussent terminées ainsi ; mais il faut compter avec l'inconstance des sentiments humains et l'imprévu dans lequel ils vous jettent. Vardes n'avait plus de raison pour tenir à Olympe Mancini, qui s'était vouée à lui autant qu'une femme peut le faire, consentant abnégation de toute volonté, de toute individualité ; elle n'avait donc plus rien qui pût flatter son orgueilleuse fatuité. Il s'imagina alors de s'adresser à Henriette d'Angleterre, trouvant le double plaisir de faire une conquête nouvelle et de l'enlever à son ami le comte de Guiche. Il lui fut facile d'arriver à son but. Pour raffiner encore davantage, il aima les deux femmes à la fois, se donnant le plaisir d'assister à leurs scènes de jalousie ; puis mettant une sorte d'amour-propre d'artiste à les calmer, à apaiser leurs ressentiments, à leur persuader la fausseté des choses qu'elles avaient vues de leurs yeux, entendues de leurs oreilles.

Puis un jour, las de cette comédie, fatigué de cette
princesse Henriette qui lui sacrifia tout ce qu'elle
avait pu lui sacrifier (quelles leçons pour les femmes,
et comme elles devraient lire, étudier et méditer l'histoire des grands séducteurs!), il la jeta à
la tête de ses amis, comme un objet de rebut et
dont il pouvait disposer. L'amour-propre, sentiment qui n'abandonne que les plus misérables
femmes comme les Pompadour et autres de même
classe, se réveilla au fond du cœur d'Henriette;
elle alla trouver le roi, lui rapportant les paroles
de Vardes, le sommant de faire respecter la majesté royale. Louis XIV le fit enfermer à la Bastille.
Olympe Mancini en fut au désespoir; lui enlever
son de Vardes qu'elle aimait malgré ses infidélités,
c'était lui ôter la vie. Aussi, sans réfléchir davantage, avec l'aveuglement d'une femme qui cherche
à se venger et qui sacrifierait sa vie pour arriver à
ce but, elle alla trouver le roi, et lui raconta la
longue intrigue pour perdre La Vallière; la princesse Henriette, survenue sur ces entrefaites, con-
firma ce récit en y ajoutant d'autres détails à la
charge de sa rivale; et l'on eut le singulier spectacle de chacune de ces femmes, ivres de fureur,
se chargeant elle-même afin de charger sa rivale,
ne sentant pas les coups qu'elle recevait, mais éprou-
vant une âpre volupté dans ceux qu'elle donnait.
L'emprisonnement de Vardes, l'exil de tous les acteurs de ce complot fut le résultat de cette scène. Le

comte de Soissons, bien innocent de ces intrigues, porta la peine de la sottise de sa femme; il dut se retirer avec elle dans son gouvernement de Champagne.

C'en était fait des beaux jours d'Olympe Mancini, et la mauvaise chance allait devenir la compagne de ses dernières années. Y a-t-il réellement, comme beaucoup de gens le prétendent, une succession d'événements heureux ou malheureux à laquelle l'homme ne saurait se soustraire? Cette succession est-elle fatale, ou peut-elle être conjurée? Ne serait-ce pas plutôt que, à un moment donné, le découragement et la lassitude s'emparent de nous; que, ne sentant plus cette force de la jeunesse qui nous pousse à l'action et à l'espérance, nous ne combattons plus avec la même énergie les hommes et les événements, et nous attendons avec la résignation du fataliste le coup qui doit nous coucher sur le sol? Ce sort, qui est celui de la plupart des humains, fut celui d'Olympe Mancini, qui expia par trente années d'exil et d'oubli une jeunesse brillante et pleine de promesses. La grave affaire des empoisonnements la força de quitter la France. Adonnée à l'astrologie, comme l'était son oncle, elle était allée chez la Brinvilliers pour assister à des opérations magiques. Lorsqu'elle vit que son nom avait été trouvé sur les livres de l'empoisonneuse et qu'elle était décrétée d'accusation, elle s'empressa de fuir. Elle se sentait poursuivie par des ennemis trop puissants pour espérer une justice équitable. Mme de Montespan désirait sa charge de surintendante de la maison de la reine, qu'elle s'obstinait à ne pas vendre; Louvois ne pouvait lui pardonner de lui avoir refusé la main de sa fille pour son fils. L'inimitié de ces deux personnages la poursuivit jusqu'au delà des frontières; dans les Pays-Bas espagnols, elle se voyait chassée de tous les abris par la populace ameutée, qui l'appelait sorcière et empoisonneuse. Un second malheur lui arriva : dans son voyage en Espagne, elle alla voir la reine et, le lendemain, la reine mourut empoisonnée, mort dont l'opinion publique la rendit responsable, bien injustement sans doute. Enfin, une dernière fatalité pèse sur sa mémoire : ce fut elle qui fut la mère de ce prince Eugène que Louis XIV eut le tort de repousser avec dédain, ne se doutant pas que ce petit abbé, qu'il méprisait, mettrait sa monarchie à deux doigts de sa perte. Si Mazarin fût revenu au monde, il n'eût pas mis sa nièce Olympe au nombre de ces heureux dont il aimait à s'entourer.

L'histoire de Marie Mancini est plus extraordinaire encore; c'est un véritable roman, mais un de ces romans pris dans la réalité de la vie et qui contiennent des événements plus incroyables que ceux sortis de l'imagination des écrivains. Parmi ces jeunes filles que la France vit arriver en si grande pompe, que la reine Anne d'Autriche accueillit comme ses propres enfants et qu'elle fît élever avec

ses deux fils, il s'en trouvait une aux grands yeux
noirs, à la parole vibrante, à l'imagination enflam-
mée. La tête remplie encore du beau pays qu'elle
venait de quitter, elle parlait sans cesse au jeune
prince de Rome, de ses palais magnifiques, de ses
arts dont l'éclat pouvait lutter avec les splendeurs
du ciel italien. Le jeune roi sentait sa poitrine op-
pressée à ces récits qui enflammaient son âme; il
ne voyait sous ses yeux que les sombres bâtiments
du Louvre, qui conservaient encore leur première
origine de forteresse; le palais bâti par le cardinal
de Richelieu et devenu propriété royale était le seul
à trancher sur ces vieux édifices. Il se promettait
d'embellir sa résidence, de faire fleurir dans son
royaume ces arts qui peuvent laisser dans l'âme féminine de si ardents enthousiasmes. Et il regardait
comme une Muse celle qui l'initiait ainsi à cette vie
nouvelle; et, comme dans les jeunes cœurs il n'y a
pas loin de l'admiration à l'amour, il se sentait pris
d'une passion violente pour cette Égérie qui lui parlait un langage que personne autre ne faisait entendre à ses oreilles. La passion du jeune roi ne fut
bientôt plus un mystère pour personne; il passait
presque toutes ses soirées chez la comtesse de Soissons, sœur de Marie de Mancini, chez laquelle il
était sûr de la rencontrer. Pour lui plaire, il donnait fêtes et mascarades, autant du moins que le lui
permettait la lésinerie du cardinal. Ce ministre, qui
devait laisser plus de cent millions pris dans les

coffres de l'État et dans la bourse des particuliers, regimbait toutes les fois qu'il fallait donner de l'argent à Anne d'Autriche ou à Louis XIV.

Cette idylle se déroulait heureuse et paisible, lorsque la politique vint se mettre en travers pour en arrêter le développement. On était en guerre avec l'Espagne, guerre qu'Anne d'Autriche espérait terminer en mariant Louis XIV à sa nièce, l'infante Marié-Thérèse. Pour triompher des indécisions de la cour d'Espagne, qui tenait à ce mariage, on parla d'une union avec la princesse de Savoie, et une entrevue eut lieu à Lyon. Les chemins de fer n'existaient pas encore, et avec la meilleure volonté du monde on n'eût pu aller en neuf heures des rives de la Seine sur celles de la Saône. La Cour mit vingt-quatre jours à faire ce trajet; il est vrai qu'elle s'arrêta en route, il est vrai que le voyage se faisait dans de larges carrosses qui contenaient huit personnes. Il y avait quelque chose d'étrange dans le spectacle de ce jeune roi allant voir sa fiancée en compagnie de Marie Mancini, dont il voulait faire sa femme ou sa maîtresse; un semblable rapprochement, qui nous semble monstrueux aujourd'hui toutes les fois qu'il se produit, c'est-à-dire assez souvent, ne choquait personne à une époque où les mœurs étaient plus libres, le sens moral moins développé. Souvent, pour multiplier les tête-à-tête, le jeune roi quittait le carrosse royal, montait à cheval en compagnie de Marie Mancini, et tous deux chevauchaient à l'aise, devisant de choses amoureuses et autres.

C'est ici que se montre la supériorité de la réalité sur la fiction. Un romancier qui aurait à décrire une situation semblable ne manquerait pas de montrer le jeune prince triste et mélancolique, de le faire assister à cette entrevue comme une victime résignée de la politique. Rien de tout cela ne serait vrai. Louis XIV en quittant Marie Mancini, à laquelle il venait de tenir les propos les plus passionnés, fit le plus gracieux accueil à la jeune princesse de Savoie, et caracola auprès de son carrosse comme si c'eût été celui de sa maîtresse. Quoi d'étonnant à cela? Il était jeune, il était de complexion amoureuse, et nulle autre idée ne l'occupait que celle d'avoir une femme à lui appartenant. A l'âge de Chérubin, toute femme lui était bonne, et la jeune princesse de Savoie, quoique fortement disgraciée de la nature, lui parut plus belle que Vénus. Grand émoi dans l'entourage du roi, grande joie chez les rivales de Marie Mancini (et toutes les femmes de la Cour l'étaient), qui viennent lui raconter les détails de l'entrevue pour jouir de son ennui et de son embarras. Mais celle-ci n'était point une La Vallière, prête à se retirer dans un couvent à la première éclipse du soleil royal. Italienne blessée au vif dans son cœur et dans son amour-propre, elle alla trouver résolûment le jeune roi et lui dit brusquement : « N'êtes-vous pas honteux qu'on vous veuille donner une si laide femme! »

Puis, avec cet art perfide que possèdent toutes les
femmes, elle glissa mille de ces insinuations qui se
fixent comme autant de dards empoisonnés et qui
laissent des traces ineffaçables. C'est de ces accu-
sations vagues, où excelle la méchanceté féminine,
qu'un proverbe espagnol a dit : « On guérit d'un
coup de poignard, d'un coup de langue jamais! »
On le vit bien à l'accueil froid et presque imperti-
nent que Louis XIV fit à cette princesse que la veille
il avait accablée d'égards et de galanteries. Il la
regarda avec des yeux moins prévenus, et celui qui
devait être l'amant de Mme de Montespan parce qu'il
croyait devoir à ses sujets de choisir la plus belle
femme de son royaume, tourna presque le dos à la
malheureuse princesse. Il faut dire que, piqué au
vif par les insinuations malveillantes de Marie
Mancini, et agissant avec ce sans-gêne dont il devait donner tant de preuves, il était entré le matin
dans la chambre de la princesse avant que celle-ci
eût eu le temps de faire sa toilette, et qu'il avait pu
se convaincre que les paroles de sa jalouse maîtresse étaient des médisances plutôt que des calom-
nies. Il faut avouer que le stratagème de Mazarin
avait pleinement réussi ; et qu'au moment où la duchesse de Savoie faisait son entrée à Lyon, par une
autre porte arrivait don Louis de Haro, qui avait
plein pouvoir pour conclure le mariage de l'infante
Marie-Thérèse avec le jeune roi. Les princesses de
Savoie s'en retournèrent comme elles étaient ve-

nues : pour apaiser leurs ressentiments, Mazarin
les combla de cadeaux et, de plus, il leur promit
par écrit que Louis XIV épouserait la princesse
Marguerite dans le cas où le mariage avec l'infante
espagnole n'aurait pas lieu. Le jeune duc, frère de
Marguerite, avait montré plus de fierté. Venu à re-
gret à une entrevue qu'il savait d'avance inutile,
dès qu'il vit la tournure que prenaient les choses,
il partit un matin à cheval sans prendre congé de
personne.

Cet affront infligé publiquement à la princesse de
Savoie, affront auquel la plus modeste bourgeoise
ne se résignerait pas aujourd'hui, porta au plus haut
degré les ambitions de Mazarin ; il se vit l'oncle du
roi et certain de garder le pouvoir jusqu'à la fin
de ses jours. Pour savoir sur quel terrain marcher
et dans quelle voie diriger ses pas, il résolut de
pressentir la reine à ce sujet ; et un jour, dans une
des conversations qu'il avait chaque soir avec elle,
il amena négligemment l'entretien sur l'amour que
le roi éprouvait pour sa nièce, et sur les cancans de
la cour qui faisaient allusion à un prochain mariage.
Mais ce mot déchaîna une tempête que toute sa
finesse italienne n'avait pu prévoir. Cette femme qui
lui avait tout abandonné, sa personne comme son
autorité ; cette reine qui répondait à une demande de
ses familiers les plus intimes : « Il faudra voir ce
que dira le cardinal » ; cette princesse que Mazarin
brutalisait en paroles, revanche que prennent tous

ceux qui ont longtemps rampé pour arriver à un rang au-dessus de leur mérite, à la possession d'une femme supérieure à leur condition ; cette princesse se releva fière et hautaine : « Je ne crois pas, monsieur le cardinal, que le roi soit capable de cette lâcheté ; mais s'il était possible qu'il en eût la pensée, je vous avertis que toute la France se révolterait contre vous et contre lui, que moi-même je me mettrais à la tête des révoltés et que j'y engagerais mon autre fils ! »

Voilà la femme tout entière, se révélant avec son vrai caractère, dont l'orgueil est le fond irrésistible, dont le besoin de domination est la passion première et invincible. Pas de sentiment qui ne cède à celui-là, pas d'obstacle qui lui résiste ; et cela à toutes les époques, et cela chez toutes les femmes. Quand les envoyés de Néron viennent tuer Agrippine : « Qu'il me tue, mais qu'il règne ! » s'écrie-t-elle en tombant. Lorsque la vieille reine Clotilde, réfugiée sur la montagne Sainte-Geneviève, voit venir les envoyés de Clodomir lui présentant un glaive et une paire de ciseaux, et lui disant de choisir pour ses petits-fils entre le tombeau ou le cloître : « Morts, plutôt que tondus ! » s'écrie-t-elle avec une énergie sauvage. Quand à la jeune Marie-Thérèse on demande si elle n'a pas remarqué quelque cavalier parmi ceux qui se pressaient à la cour de son père : « Il n'y avait pas de roi ! » répond-elle ingénument.

Mazarin était un homme politique, c'est-à-dire

qu'il ne demandait aux choses et aux gens que ce qu'ils pouvaient lui donner, et qu'il ne mettait pas une vanité puérile à triompher d'obstacles que la passion surmonte quelquefois, mais non sans le payer bien cher. Ce à quoi il tenait, c'était à son pouvoir ; dès que sa nièce ne pouvait lui être utile, il la sacrifia. Le lendemain même, il alla lui signifier durement qu'il fallait renoncer à l'espoir d'être reine ; et, pour ne plus alimenter une flamme destinée à s'éteindre, il exila toutes ses nièces au Brouage.

C'est à ce moment que se place la scène si souvent décrite de l'adieu des deux amants. C'est alors que Marie Mancini prononça cette parole, qui peint au naturel le caractère féminin : « Vous êtes le maître et vous pleurez ! » Dans tous les drames de l'amour, il y a une invitation de ce genre, il y a une phrase décisive prononcée par la femme qui fait de son amant un assassin, un incendiaire ou un voleur. Partout se retrouve Hermione armant le bras d'Oreste. Lorsque Caligula veut épouser Cœsonia, dont la beauté l'a captivé, mais à laquelle les lois lui défendent de s'unir comme étant sa belle-sœur, elle lui crie d'un ton de provocation : « N'est-ce pas vous qui faites les lois ? » Louis, malgré l'irrésistible emportement des sens, avait déjà sur lui l'empire qu'il devait montrer plus tard. Il se contenta de pleurer et de jurer à sa maîtresse un amour éternel.

Un romancier terminerait ici son œuvre ; le roi

se sacrifierait au bonheur de ses sujets en épousant
la princesse espagnole ; quant à Marie Mancini, elle
se réfugierait dans un de ces cloîtres qui donnent
asile aux cœurs malades, aux imaginations blasées,
aux existences décolorées. Mais la réalité est bien
autrement féconde que la fiction ; elle est plus vraie,
parce qu'elle rend la vie dans ses transformations
multiples. Louis XIV avait pleuré sincèrement son
amie ; il avait écrit de bonne foi au cardinal pour
lui dire qu'il n'épouserait d'autre femme que sa
nièce. Quelques mois après, il se mariait avec l'infante Marie-Thérèse, et, s'il se souvenait encore de
Marie Mancini, c'était seulement parce que la passion
de cette belle fille flattait son amour-propre. L'infidélité, dira-t-on, est le lot des hommes, et jamais on
n'en vit de constant. Hélas ! pour les femmes il en
est de même. Cette Mancini, qu'on aimerait à se
représenter désolée, qu'on voudrait voir s'ensevelir
dans les ombres d'un cloître pour l'honneur de la
constance féminine, tint une conduite toute diffé-
rente et, il faut l'avouer, bien plus conforme à la
nature. Ce qu'elle avait aimé dans le roi, c'était
moins le roi lui-même que l'amour couronné.
Obligée de renoncer à ce beau rêve, son tempérament méridional ne lui permit pas la résignation
passive, mais la poussa à chercher un équivalent.
Les yeux à peine essuyés, le cœur encore gros de
sa séparation définitive avec ce prince auquel elle
avait dit en le quittant : « Vous m'aimez, vous êtes

roi, et je pars ! » elle devint amoureuse du duc Charles de Lorraine, amoureuse d'aussi bonne foi qu'elle l'avait été de Louis XIV, amoureuse au point de se compromettre pour lui, comme elle s'était compromise pour le fils d'Anne d'Autriche. Au lieu d'une couronne de roi, c'était une couronne de duc ; pour une simple fille du peuple, la condition était encore sortable. Mais là encore la politique vint se mettre en travers ; Mazarin ordonna à sa nièce de ne pas songer à ce mariage, et, pour fermer le cycle de ses entreprises romanesques, il la maria au prince Colonna, chef d'une des principales familles de Rome et, de plus, connétable du royaume de Naples.

Ici commence une nouvelle phase dans le roman de notre héroïne, phase qu'on pourrait appeler psychologique et qui, traitée par une main habile et délicate, serait d'autant plus intéressante que l'histoire de Marie Mancini est celle de beaucoup d'autres femmes. On pourrait croire qu'elle devait être singulièrement flattée de rentrer triomphante et honorée de tous dans une cour où elle avait vécu pauvre et obscure. Il n'en fut rien ; elle restait insensible à l'honneur d'épouser un prince romain, elle se souvenait d'une seule chose, c'est qu'elle avait failli être reine de France et duchesse de Lorraine, et ce souvenir, augmentant sa superbe, lui montrait tous les autres hommes au-dessous d'elle et indignes de sa main. Cet orgueil est un des principaux traits du caractère féminin et se retrouve sous toutes les latitudes. Les Circassiennes vendues au bazar de Constantinople se savaient destinées au sérail du sultan ; malheur à tout autre qui s'avisait de les acheter ! Par leur hauteur, leur dédain, elles leur rendaient la vie si insupportable qu'ils se voyaient forcés de les revendre. Si des esclaves se conduisaient ainsi avec leur maître, que ne devaient pas faire les princesses qui croyaient déroger ou qui se regardaient comme sacrifiées ?

Cependant, les premiers temps de cette union furent heureux. Séduite par les manières douces, par les paroles insinuantes du prince Colonna, éblouie par le luxe de ses palais, distraite par les grandes choses qui avaient lieu dans ses vastes propriétés, Marie Mancini se laissa aller au plaisir d'être adorée et de voir chacun de ses désirs accomplis. Le connétable était sincèrement amoureux de sa femme ; et peut-être ce bonheur eût été d'interminable durée sans un de ces incidents qui se rencontrent dans les palais des princes comme dans l'habitation du plus modeste de leurs sujets. Marie de Mancini avait donné plusieurs filles à son mari ; toutes ses couches avaient été pénibles, mais la dernière mit sa vie dans un tel danger qu'elle déclara ne plus vouloir s'y exposer. Le prince Colonna ressemblait à beaucoup de maris, dont l'amour est essentiellement égoïste et qui s'aiment eux-mêmes en croyant aimer leurs femmes. C'est à eux que Sha-

MAZARIN

kespeare a dit si justement : « O jeunes gens, c'est dans les yeux et non dans le cœur qu'est votre amour! » Son affection pour Marie Mancini se refroidit sensiblement; ensuite, il la tortura par la jalousie, lui donnant ouvertement des rivales ; enfin, il se montra si bizarre, si tyrannique, que la vie conjugale lui devint insupportable, qu'elle s'enfuit en France, entraînant avec elle sa sœur Hortense, qui était venue se réfugier auprès d'elle. Le voyage de ces deux fugitives fut une véritable odyssée ; déguisées en homme, obligées de ne marcher que la nuit pour échapper aux émissaires du prince, elles durent rester deux jours cachées à Civita-Vecchia, attendant la barque à laquelle elles allaient se confier, exposées à la fureur des vents, à la cupidité des bateliers qui pouvaient les jeter à la mer pour les dépouiller, à la poursuite des corsaires algériens et à celle plus redoutable encore du prince Colonna, qui avait envoyé une flotte à leur recherche. Malgré tant de périls, elles arrivèrent saines et sauves, mais pour se voir emprisonnées par un intendant trop zélé. Rendues à la liberté par suite d'un ordre du roi, les deux sœurs se séparèrent; Hortense partit pour la Savoie, et Marie se dirigea vers Paris. Une lettre de la reine Marie-Thérèse lui en interdit l'accès, et comme elle insistait pour voir le roi, celui-ci lui fit donner ordre de s'aller enfermer dans un couvent, à cinquante lieues de Paris. Où donc était le compagnon de son

enfance? Où donc était le monarque qui lui faisait
de si tendres protestations?

Déçue dans ses espérances, elle se dirigea vers la
Belgique. Elle avait donc oublié que le pays appartenait à l'Espagne et que, par conséquent, son
mari était tout-puissant? Le beau-frère du connétable la fit enfermer dans un couvent; elle n'en
sortit que pour changer de prison, c'est-à-dire pour
se voir étroitement cloîtrer en Espagne. Elle avait
demandé à aller à Madrid, espérant intéresser à son
sort la reine, qu'elle avait connue à la cour de France.
Mais, là aussi, la mauvaise chance la poursuivit. Il
n'y avait pas de spectacle plus lamentable que celui
de cette femme faite pour attirer les regards de
tous et, dans l'épanouissement de sa beauté, allant
de couvent en couvent, ne pouvant rester dans aucun, et ne trouvant aucune protection efficace pour
venir à son aide. Et pendant ce temps le prince Colonna jouissait des grands biens qu'elle lui avait
apportés, et la laissait dans la plus grande misère.
Les couvents du temps jadis étaient des espèces
d'hôtelleries, et celles dont la famille ne pouvait
payer une pension mensuelle, après avoir pourtant
dépensé une grosse somme pour les y faire entrer,
s'y trouvaient plus malheureuses que les mendiantes
des rues.

Enfin le connétable vint en Espagne, et il offrit à
sa femme, qu'il aimait toujours et qu'il poursuivait
avec une sorte d'acharnement, de la reprendre avec

lui. Mais ce nouvel essai de vie conjugale lui parut
intolérable ; plutôt que de demeurer avec un homme
qui lui était devenu haïssable et qui ne faisait rien
pour combattre cette aversion, elle préféra la vie de
couvent. Elle y rentra, en promettant de se faire
religieuse après son noviciat. Ceux qui combattent
le divorce ne savent pas quel supplice éprouvent
deux individus qui se haïssent et qui se voient obli-
gés de vivre ensemble. C'est le supplice que le cruel
Mézence infligeait à ses ennemis, les attachant à un
cadavre, nez contre nez, bouche contre bouche. Les
femmes qui vivent surtout par l'imagination et par
le sentiment souffrent encore plus que les hommes
de cette intimité forcée ; elles font tout pour s'y soustraire. La veille du jour où elle devait monter sur
l'échafaud, Mme Roland eut la possibilité de s'enfuir ;
mais il lui aurait fallu retourner auprès de son mari,
cet ennuyeux pédant dont la vue lui était devenue
insupportable : elle préféra la mort. Marie Mancini
ne fut pas obligée de prendre le voile ; la mort du
connétable vint lui rendre sa liberté. Au lieu d'aller
retrouver sa sœur, mener près d'elle une vie facile
et agréable, de rompre en un mot avec le passé,
elle se raccrocha au contraire à ce passé avec le désespoir de l'homme qui se noie. Elle voulut se rapprocher de cette cour qui l'avait oubliée, et elle se
réfugia à Passy ; elle mourut obscure dans ce pays
sur lequel elle avait failli régner. Singulières vicis-
situdes de la destinée ! En voyant cette existence,

commencée sur les marches d'un trône, terminée dans la misère et dans l'oubli, n'est-on pas tenté de répéter avec le poète persan : « La vie est une ivresse; le plaisir passe, le mal de tête reste. »

Les femmes n'ont pas toujours tort lorsqu'elles se plaignent de la position inférieure qui leur est faite dans notre état social, lorsqu'elles protestent contre la suprématie accordée à l'homme dans le mariage. Si, le plus souvent, elles ne peuvent s'en prendre qu'à elles-mêmes des malheurs qui les accablent, si elles ne peuvent accuser que leur caprice, leur entêtement, leur sotte vanité des aventures périlleuses dans lesquelles elles précipitent elles-mêmes et leur famille, d'autres fois, en revanche, elles peuvent à bon droit rejeter la faute sur leurs maris qui, par leurs vices, leur tyrannie, leurs manies ridicules, ont poussé aux folies et aux excès de tous genres des femmes qui, dans d'autres conditions, seraient restées de chastes épouses, de respectables matrones. Jadis, dans certains pays, c'était le mari qu'on punissait de l'adultère de sa femme, comme aujourd'hui encore la loi rend le père responsable des dégâts commis par ses enfants. L'histoire d'Hortense Mancini est là pour prouver que, trop souvent, on peut accuser le mari des erreurs de sa femme; tous ne sont pas des maniaques comme le duc de Mazarin, mais bien peu connaissent et remplissent les devoirs que le mariage leur impose. « Mon ami, la chambre nuptiale doit être un gymnase d'honneur et de savoir, dit Plutarque dans sa lettre à Pollianus : ornez donc votre esprit de toutes connaissances en fréquentant ceux qui peuvent vous être utiles ; amassez de tous côtés pour votre femme, ainsi que le font les abeilles, lui apportant vous-même et en vous-même tout ce que vous pensez lui pouvoir profiter. Devisez avec elle, et lui rendez familiers les meilleurs livres et les meilleurs propos que vous pouvez trouver ; car vous lui êtes maintenant comme mère et comme père ; et il n'est pas moins honorable d'ouïr une femme qui dit à son mari : « Tu es mon régent et maître en » toutes belles sciences », que si elle l'appelle : « Mon » bien-aimé ! » Mais, ajoute le philosophe, il y a des hommes si maladroits qu'ils ne peuvent monter sur leurs chevaux quand ceux-ci restent droits, et ils leur enseignent à se mettre à genoux. Ainsi il y a des maris qui, ayant épousé des femmes nobles et de haute maison, ne s'étudient pas à les rendre plus honnêtes et meilleures, mais ils aiment mieux les abaisser, au contraire, que de maintenir la dignité de la femme comme la juste hauteur du cheval. » On pourrait répondre à Plutarque que la plupart des femmes préféreront le mari qui leur apportera des robes et des bijoux à celui qui ne reviendra qu'avec des enseignements philosophiques.

Si jamais femme semblait promise à une existence heureuse et brillante, c'était certainement Hortense Mancini, dont Mme de La Fayette trace le portrait suivant : « C'était non seulement la plus belle des nièces du cardinal, mais aussi une des plus parfaites beautés de la cour. Il ne lui manquait que de l'esprit pour être accomplie et pour lui donner la vivacité qu'elle n'avait pas. Ce défaut n'en était pas un pour tout le monde, et bien des gens trouvaient son air languissant et sa négligence capables de se faire aimer. » Aussi les prétendants ne lui manquaient pas : la belle Hélène n'en compté ni de plus nombreux, ni de plus illustres. En première ligne, Charles II d'Angleterre, alors roi sans royaume, criblé de dettes, et qui paraissait ne jamais devoir remonter sur le trône de ses pères. Mlle de Montpensier, cette princesse éternellement en quête d'un mari, avait failli l'épouser; mais le voyant uniquement occupé de plaisirs, de chasse et de bonne chère, elle ne voulut pas risquer son immense fortune pour soutenir la cause d'un prétendant qui réalisait si peu le type de héros qu'elle s'était formé dans son imagination. Mazarin fut arrêté par les mêmes considérations, et il refusa de mettre les ressources et l'influence de la France au service d'une cause qui lui paraissait désespérée : cette fois, il manqua de sa perspicacité ordinaire. Il en manqua également en refusant la demande du prince de Portugal, qui fut d'abord régent, puis enfin roi sous le nom de Pierre II. Mais ce fut un sentiment de patriotisme qui l'empêcha d'accepter pour gendre le duc de Savoie : ce prince mettait pour condition au mariage la restitution de la forteresse de Casal, cette précieuse conquête de Richelieu. Du moins, on aime à croire que Mazarin fut arrêté par ce motif ; mais il ne faut pas croire au désintéressement de l'homme d'État qui sacrifia la ville de Cambrai dans l'espoir de devenir pape. Mazarin, toujours occupé de négocier, de diviser ses ennemis afin de mieux asseoir son autorité, voulut faire un coup de fortune dans le genre de celui qui lui avait si bien réussi avec le prince de Conti. Il offrit sa nièce à Coligny, le descendant du fameux amiral. Son but était de le détacher du prince de Condé, qu'il avait suivi dans les Flandres, et par là d'affaiblir son parti. Mais il trouva un homme d'une autre trempe que le prince de Conti ; Coligny repoussa les avances qu'on lui faisait, disant qu'il n'abandonnerait jamais le prince de Conti dans son malheur. Plus tard Le Tellier, qui avait fait ces ouvertures à Coligny, ayant eu occasion de le rencontrer : « Vous souvenez-vous, Monsieur, lui dit-il, de la visite que je vous fis à Calais ? J'avais ordre de M. le cardinal, si vous vouliez quitter le parti de M. le prince, de vous dire qu'il vous choisissait pour épouser sa nièce et pour vous faire son héritier. — J'ai fait mon devoir, lui répondit Coligny, je ne saurais m'en repentir. » On aime à trouver de temps à autre de fières personnalités comme celles de Coligny ou de Mme de Navailles ; elles protestent contre l'abaissement général, elles montrent qu'il y a des exceptions à cette

appréciation sévère, mais méritée, de Duclos :
« Quand on va à Versailles, disait-il, on se croirait
à l'office ; on n'entend que gens qui parlent de leur
maître. »

Un moment, Mazarin eut l'idée de donner Hortense au prince de Courtenay, le dernier rejeton
d'une des plus anciennes familles de France, qui
avait régné à Constantinople ; mais il le trouva dans
une si grande misère que, fidèle à son principe :
« Sans argent on n'est pas un homme », il recula
devant un pareil dénuement. Mais la vraie raison,
c'est que le prince de Courtenay n'aurait voulu renoncer ni à son nom ni à ses armes, et que le cardinal voulait un gendre qui perpétuât son nom et qui
portât ses armoiries. Il le trouva dans le duc de la
Meilleraye, neveu du duc de Richelieu : il lui donne
vingt-huit millions, le Palais-Mazarin avec toutes
ses richesses, puis les gouvernements d'Alsace, de
Bretagne de Vincennes, dont les revenus étaient
considérables. Qui n'aurait salué d'un pronostic favo-
rable ce jeune couple qui s'élançait dans la vie sous de
si heureux auspices : la femme jeune, belle, enviée
de tous ; le mari gracieux, affable, poli, jouissant de
l'intime familiarité du roi, qui ne cessa jamais de
l'aimer ? Ce n'était qu'apparences trompeuses ; seul le
vieux maréchal de la Meilleraye, père de celui qui
devenait ainsi duc de Mazarin, avait dit au cardinal :
« Ne le chargez pas d'un fardeau si lourd, il n'est
pas homme à pouvoir le porter. »

La prédiction ne tarda pas à se vérifier; mis ainsi en lumière, le duc de Mazarin montra vite tout ce qu'il y avait en lui de ridicules, de manies, d'étroitesse d'esprit. La jalousie se fit jour la première; il était très amoureux de sa femme, puisqu'avant son mariage il disait à Mazarin : « L'épouser, et mourir trois mois après! » Incommodé des visites du roi, des galanteries des courtisans, il passa sa vie sur les grandes routes, allant de son gouvernement de Bretagne dans celui d'Alsace, traînant toujours sa femme après lui. Arrivant à l'improviste et sans se faire annoncer, il n'avait pour abri que quelque vieux manoir délabré. Que sa femme fût incommodée ou qu'elle fût grosse, peu lui importait; la voir accoucher dans une hôtellerie le gênait moins que de la voir courtiser par le roi ou ses familiers. La jalousie est le meilleur antidote contre l'amour; et la femme qui éprouve la passion la plus vive pour son mari en sera guérie radicalement s'il se montre tyrannique et soupçonneux. C'est ce qui arriva à Hortense Mancini; elle avait d'abord éprouvé une grande inclination pour son mari, elle n'avait pas de plus sensible joie que de le voir, et elle se serait accoutumée à sa manie de locomotion sans la tyrannie de ses procédés. « Je ne pouvais, dit-elle dans ses *Mémoires*, parler à un domestique qu'il ne fût chassé le lendemain. Je ne recevais pas deux visites de suite d'un même homme qu'on ne lui fît défendre la maison. Si je témoignais de l'inclination pour quelqu'une de mes filles, on me l'ôtait aussitôt. Si je demandais mon carrosse, il défendait qu'on y mît les chevaux et plaisantait avec moi sur cette défense. Il aurait voulu que je n'eusse vu que lui seul au monde. »

Bien d'autres visions hantaient l'esprit bizarre de cet homme, qui avait la dévotion la plus aveugle et la plus étroite qui se puisse imaginer. Dans le Palais-Mazarin qu'il habitait, le cardinal avait rassemblé des tableaux des meilleurs peintres, des statues merveilleuses de travail ; s'avisant un jour que la plupart de ces œuvres blessaient la décence, il fait venir un barbouilleur quelconque et fait pour les chefs-d'œuvre des plus grands peintres ce que Paul III avait fait pour l'admirable fresque de Michel-Ange ; sous prétexte d'habiller les personnages, il fait recouvrir ces toiles immortelles d'un enduit qui les détériore et leur ôte toute leur valeur. Quant aux statues, il se charge lui-même de les rendre convenables ; armé d'un marteau et suivi de domestiques qu'il excite à l'imiter, il parcourt ses galeries, frappant à droite et à gauche, brisant tout ce qui lui parait contraire à la décence, ne respectant aucune de ces œuvres admirables que le temps et les barbares avaient épargnées. Colbert, au désespoir de cette honteuse mutilation, va trouver le roi, qui n'ose s'opposer à ce vandalisme. Ces accès de pudibonderie furent poussés jusqu'aux dernières limites du ridicule : il en était venu jusqu'à défendre aux

filles de traire les vaches dans l'intérêt de leur chas-
teté, et aux nourrices de donner à téter le vendredi
et le samedi. Comme il prévoyait tout, il fit un rè-
glement qui prescrivait les règles de décence à observer, dans certains cas, par les apothicaires. »

Une fois sur la route du burlesque et du ridicule,
l'esprit humain ne peut plus s'arrêter ; chacun des
actes du duc de Mazarin portait les traces de cette
aberration d'esprit. Il passait sa vie au milieu des
procès ; il en eut jusqu'à trois cents à la fois : « Je
suis bien aise, disait-il, qu'on me fasse des procès
sur tous les biens que j'ai eus de M. le cardinal ; je
les crois tous mal acquis, et du moins, quand j'ai un
arrêt en ma faveur, c'est un titre, et ma conscience
est en repos. » Saint-Simon raconte qu'il faisait des
loteries de son domestique, en sorte que le cuisinier
devenait l'intendant et que le frotteur prenait la
place du secrétaire. Le sort marquait, selon lui, la
volonté de Dieu. Ainsi le feu ayant pris au Palais-
Mazarin, et ses domestiques étant accourus pour
l'éteindre, il les chassa en disant qu'ils s'opposaient
à la volonté de Dieu. Un jour il alla trouver le roi,
dont la protection le garantissait seule d'une inter-
diction méritée : « Sire, lui dit-il, j'ai eu une vision
cette nuit. J'ai vu l'ange Gabriel, qui m'a ordonné
de venir vous dire de quitter Mlle de la Vallière. »
Loin de se fâcher, comme il l'aurait fait avec tout
autre, le roi lui tourna le dos en l'appelant fou. Le
moyen de vivre avec un maniaque de cette sorte,

dont la tyrannie allait croissant chaque jour ! Il
était sans cesse à la contrarier : sur les mouches
qu'elle voulait mettre, sur les diamants dont elle
avait l'intention de se parer, et qu'il lui cachait afin
qu'elle ne pût s'en servir. Les choses allèrent si loin,
qu'elle s'enfuit en plein jour, malgré son opposition
et ses cris, et qu'elle se réfugia dans un couvent
pour y attendre l'arrêt que le Parlement prononce-
rait à son sujet. Elle y trouva une femme dont l'histoire ressemblait assez à la sienne, et qui devait
également tous ses malheurs à son mari : c'était la
marquise de Courcelles, qui est devenue célèbre par
ses aventures et ses galanteries. Jeune, belle, riche,
parée de toutes les séductions et de toutes les vertus,
elle eut le malheur de plaire à Louvois, qui la maria à une de ses créatures, homme intéressé et sans
scrupules, et qui en fit sa maîtresse. Ainsi pervertie
par celui-là même qui aurait dû la maintenir dans
la voie de l'honneur et du devoir, elle quitta Louvois
pour se donner au duc de Villeroy, qui faisait alors
tourner toutes les têtes ; puis elle se lança à corps
perdu dans le plaisir, voulant, comme elle le disait,
jouir de la perte de sa réputation. Poursuivie par la
redoutable inimitié du ministre, elle aussi avait été
enfermée dans un couvent, en attendant que le Parlement prononçât sur son sort. Ces deux jeunes folles
mirent le feu au couvent par leurs extravagances :
« Comme Mme de Courcelles était fort aimable et fort
réjouissante, dit Hortense Mancini dans ses *Mémoi-*

res, j'eus la complaisance d'entrer dans quelques plaisanteries qu'elle fit aux religieuses ; on en fit cent contes ridicules au roi : que nous mettions de l'encre dans le bénitier pour faire barbouiller ces bonnes dames ; que nous courrions dans le dortoir avec une troupe de petits chiens, en criant : *tayaut !* *tayaut !* et autres choses semblables, ou inventées à plaisir, ou exagérées avec excès. Par exemple, ayant demandé à nous laver les pieds, les religieuses s'avisèrent de le trouver mauvais et de nous refuser ce qu'il fallait, comme si nous eussions été là pour observer leur règle. Il est vrai que nous remplîmes d'eau deux grands coffres qui étaient sur le dortoir ; et les ais du plancher joignant fort mal, ce qui se répandit, perçant le plancher, alla mouiller le lit de ces bonnes sœurs. On conta cet accident comme un franc tour de page. Sous prétexte de nous tenir compagnie, on nous gardait à vue ; on choisissait pour cet office les plus âgées des religieuses, comme étant les plus difficiles à suborner ; mais ne faisant que nous promener tout le jour, nous les eûmes bientôt mises toutes sur les dents, jusque-là que deux ou trois se démirent le pied pour avoir voulu courir après nous. »

Enfin, le Parlement allait rendre son arrêt ; une première fois, la Chambre des enquêtes lui avait donné raison ; mais cette Chambre se composait de jeunes conseillers, qui trouvaient de mauvais exemple de voir un mari confisquer ainsi sa femme.

Aussi le duc de Mazarin en appela-t-il à la Grande
Chambre, où ne se trouvaient que de vieux barbons,
tous partisans de la domination maritale. Olympe
Mancini conseilla à sa sœur d'aller solliciter ses
juges, comme tout le monde le faisait alors, principalement les jolies femmes, toujours certaines de
gagner leur cause : « Ils sont trop vieux ! » répondit
Hortense ; et, sans attendre leur jugement, qu'elle
connaissait d'avance, elle s'enfuit en Italie sans
avoir prévenu personne de son dessein. En apprenant la fuite de sa femme, le duc de Mazarin alla
réveiller le roi au milieu de la nuit : « Sire, ma
femme est partie, lui cria-t-il d'une voix dolente.
— Votre ange ne vous en avait donc pas averti ? »
lui répondit le prince, en l'envoyant coucher et en
se moquant de lui pour toute consolation.

Détournée de la bonne voie, arrachée de la vie de
famille par la faute même de son mari, Hortense
Mancini se lança dans les aventures, et les incidents
les plus romanesques remplirent les dernières
années de sa vie. Elle s'enfuit d'abord à Rome, où
elle n'arriva qu'après mille péripéties ; elle trouva
asile au palais Colonna, chez sa sœur Marie. Elle
partagea bientôt l'aversion que celle-ci éprouvait
pour son mari, et elle s'enfuit avec elle, partageant
les dangers de cette folle expédition : danger de se
voir dévaliser par des bateliers qu'elles ne connais-
saient pas, danger de tomber entre les mains des
pirates barbaresques, danger d'être atteintes par

les navires que le connétable avait envoyés à leur poursuite. Il n'y a que les femmes pour mener à bien de telles équipées ; elles n'en soupçonnent pas les périls avant de les entreprendre, et leur entêtement leur vient en aide pour se raidir contre les difficultés. L'énergie est un sentiment qui suppose la force de caractère et l'intelligence à la fois ; l'entêtement, au contraire, s'allie très bien avec la faiblesse et l'ignorance. Arrivée en province, Hortense quitta sa compagne de route, ne voulant pas braver la défense que le roi leur avait envoyée de se rapprocher de Paris. Elle se dirigea vers la Savoie, où régnait alors le prince qui autrefois avait demandé sa main : « Duchesse, lui dit-il, jadis je n'ai pu vous obtenir de votre oncle, serai-je plus heureux en m'adressant à vous-même ? » Elle sourit, et ce sourire valait un consentement. Mais il était écrit que la destinée ne cesserait de la poursuivre ; au bout de quelques mois le duc de Savoie mourut, et Hortense dut s'enfuir précipitamment pour échapper aux ressentiments de la duchesse de Savoie. Elle traversa la Suisse, l'Allemagne, gagna la Hollande, d'où elle s'embarqua pour l'Angleterre où elle comptait se fixer. Là encore régnait un de ses adorateurs, le roi Charles II, dont Mazarin avait repoussé la demande. Lui aussi il offrit de nouveau son cœur à cette fugitive, qu'il trouvait plus belle et plus séduisante que jamais. Le monde des courtisans prit l'alarme, l'influence française et la du-

chesse de Porstmouth se virent également mena-
cées, car leur cause était solidaire. Cette duchesse
de Porstmouth, fille d'un gentilhomme breton, avait
paru à la cour de Louis XIV, dont elle avait un
moment disputé l'amour à La Vallière. Vaincue
dans cette lutte, elle se tourna du côté de Charles II,
auprès duquel elle fut plus heureuse ; elle régnait
sans partage sur son esprit, lorsque son empire fut
menacé par l'arrivée de la duchesse de Mazarin. Le
volage Charles II allait l'abandonner sans scrupule,
lorsque les choses changèrent de face, par suite
d'un de ces caprices imprévus dont il faut toujours
tenir compte lorsqu'on a affaire aux femmes. Hortense, qui avait en perspective l'amour du roi d'Angleterre et une brillante situation à la cour, sacrifia
tout à un caprice pour le prince Monaco. Cette
faute, qui lui fut reprochée si vivement par ses
amis, est pourtant celle que l'histoire lui pardonne
le plus aisément : les faiblesses du cœur portent
pour ainsi dire leur excuse avec elles, les chutes qui
n'ont d'autre mobile que l'intérêt déshonorent sans
retour.

Charles II ne conserva pas contre elle un ressentiment trop vif pour la blessure faite à son amour-
propre, ce qui est beau surtout chez un souverain.
En souvenir des secours qu'il avait reçus de Mazarin, il fit à sa nièce une pension de deux mille livres
sterling ; pour la première fois depuis son mariage,
elle connut la paix et la tranquillité. Elle ouvrit un

salon, dans lequel se pressa toute l'aristocratie anglaise et qui était présidé par Saint-Évremond. Les
tournois de l'esprit, les conversations brillantes ne
suffirent bientôt plus à faire oublier la longueur des
journées : le jeu et la bonne chère vinrent en aide ;
et, chose triste à avouer pour la nature humaine,
ses salons ne se désemplirent pas, au contraire.
Toujours belle, quoique approchant de la quaran-
taine, elle voyait les adorateurs se succéder auprès
d'elle. Son charme se fit sentir même à son neveu,
Philippe de Savoie, fils d'Olympe Mancini, qui, dans
un accès de jalousie, tua en duel un baron suédois.
« Je ne croyais pas, écrivait à ce propos Mme de
Sévigné, que les yeux d'une grand'mère pussent
faire de tels ravages. » Cette triste folie fut bien
vite oubliée. Hortense termina sa carrière en Angleterre, toujours entourée d'amis et d'admirateurs ;
les hommages ne s'adressaient plus à sa beauté,
mais à sa grâce et à son esprit, car elle en avait
beaucoup, en dépit de Mme de La Fayette. Elle mourut la dernière année du XVIIe siècle, toujours
secourue par la couronne d'Angleterre, pendant que
son mari jouissait paisiblement des quinze cent
mille francs de rente qu'elle lui avait apportés,
trouvant dans l'arsenal de sa dévotion des raison-
nements subtils pour ne lui en donner aucune part.
Son grand ami Saint-Évremond a résumé sa vie
dans cette phrase, qu'il lui adressa un jour sous
forme de conseil : « De quoi ne seraient pas venus à

bout Mme de Chevreuse, la comtesse de Carlisle, la princesse Palatine, si elles n'avaient pas gâté par leur cœur tout ce qu'elles auraient pu faire par leur esprit? » Cette histoire n'est-elle pas celle de toutes les femmes qui se sont mêlées de politique ?

La famille de Mazarin est comme la famille d'Agamemnon, nombreuse et variée, et jamais on n'en a fini avec elle : heureusement, son histoire est moins tragique. La dernière de toutes ces nièces s'appelait Marie-Anne Mancini ; plus jeune que les autres, elle était la Benjamine de la cour : c'était à qui la gâterait.

Marie-Anne ne fut pas moins recherchée que ses sœurs, et l'altière maison de Bouillon, mettant de côté son orgueil, vint solliciter l'alliance du cardinal. Turenne demanda pour son neveu la main de la jeune fille, avec les quatre cent mille écus et le gouvernement d'Auvergne qui lui servaient d'accompagnement. Les seigneurs pouvaient bien suivre un exemple donné par les princes de maison souveraine. Les mésalliances n'étaient pas si rares que nous nous le figurons aujourd'hui ; si Mme de Sévigné jetait les hauts cris lorsque son petit-fils épousait une roturière pour *fumer ses terres*, c'était un peu pour la forme ; la maison de Modène, la maison de Savoie, la maison de Bouillon étaient aussi illustres que la sienne ; elles avaient de plus à vaincre le préjugé qui ne reconnaissait qu'à certaines familles marquées par Dieu le droit de s'asseoir sur le trône, et pourtant elles avaient fait des mariages de ce genre. C'est que l'argent, ce grand niveleur des inégalités sociales, ce grand destructeur des privilèges et des préjugés, venait de porter le premier coup à la théorie du droit divin. Repoussé plusieurs fois, Turenne renouvela sa demande, et il eut recours à l'intrigue pour la faire réussir après la mort du cardinal. La jeune Marie-Anne devint donc la duchesse de Bouillon, c'est-à-dire une des reines de Paris par la naissance, par l'esprit, par la hauteur et par les prétentions ; ces dernières qualités ne manquent jamais aux femmes, qui en trouvent le germe au fond de leur cœur et qui les développent avec plus soin et plus de zèle qu'elles ne le font pour des vertus aimables et sérieuses. Le duc de Bouillon était avant tout un guerrier ; l'inaction lui pesant, il partit pour guerroyer contre les Turcs sous Montécuculli, expédition à laquelle prirent part beaucoup de seigneurs de la cour. Pendant ce temps, la duchesse dut abandonner le salon qu'elle avait ouvert à Paris et aller à Château-Thierry habiter une des propriétés du duc de Bouillon. C'est à ce voyage que nous devons un de nos écrivains les plus aimables et les plus charmants. Après la disgrâce du surintendant Fouquet, son protecteur, La Fontaine, était revenu à Château-Thierry, sa patrie, découragé, encore peu connu et prêt à abandonner la carrière des lettres.

La duchesse de Bouillon se le fit présenter; elle goûta son esprit vif et aimable (La Fontaine était charmant avec les femmes), elle l'encouragea, elle le pressa de faire des vers qu'elle écouta avec intérêt, ceux surtout qui étaient à sa louange. Lorsqu'elle retourna à Paris, elle l'emmena avec elle, elle l'introduisit dans sa société, le prôna, le fit connaître; elle le mit à même d'étudier les mœurs des animaux dans la vaste ménagerie rassemblée par le cardinal Mazarin dans son palais, et qui était une grande curiosité à une époque où le Jardin du Roi n'existait pas. C'est sous cette impulsion qu'il écrivit ses fables, puis aussi ses contes, destinés à l'amusement de cette société légèrement épicurienne. Les gauloiseries, les gaillardises ont toujours été un moyen de succès; les trouvères du moyen âge composaient des fabliaux qu'ils allaient réciter de château en château, et dont plusieurs, les plus innocents pourtant, ont été imités par La Fontaine. Mazarin, dans les premiers temps de son arrivée en France, était très recherché parce qu'il entremêlait sa conversation d'histoires tirées de Boccace, de Poggio et autres conteurs; la mode prit d'étudier l'italien, afin de pouvoir lire dans leur langue ces écrivains qui piquaient si vivement la curiosité, et c'est pour cela que Fénelon interdisait aux jeunes filles l'étude de cette langue. Il faut ajouter que nos grand'mères avaient moins de pruderie qu'on n'en montre aujourd'hui ; Mme de Sévigné avait sur sa table les contes de La Fontaine, à côté des Provinciales de Pascal. Les romans à la mode qu'on voit sur toutes les tables ne valent pas mieux, pour le fond, que les contes de la Fontaine ; ils roulent sur les mêmes sujets, ils ont en moins l'esprit, la finesse et le charme du style. Quoique nous devions La Fontaine à la duchesse de Bouillon, il ne faudrait pas trop lui en faire honneur ; le hasard y entra pour bien plus que sa perspicacité ou la finesse de son goût. Celle qui devait soutenir Pradon contre Racine était peu propre à deviner le génie de La Fontaine. Les femmes sont de mauvais juges en littérature ; comme en politique, elles cèdent au caprice, à la fantaisie, au sentiment, au lieu de consulter la raison, et Mme de Sévigné prédisait la chute de Racine et du café, parce qu'elle n'aimait ni l'un ni l'autre. Si Élisabeth protégea Shakespeare, c'est à cause des vers qu'il prodiguait à sa louange ; mais jamais elle n'eût deviné en lui un poète dramatique auquel l'Angleterre devait rendre des hommages très exagérés. Catherine II flattait les écrivains de son temps, parce qu'elle espérait qu'ils lui rendraient au centuple les louanges qu'elle leur donnait. Les plus flatteurs étaient, pour elle, les plus grands. Un seul d'entre eux s'avisa de prendre ses paroles au sérieux ; le naïf Diderot, mandé par elle, crut qu'elle désirait sincèrement des avis et des conseils, et se mit à les lui prodiguer. L'impératrice se hâta de le renvoyer à Paris, chargé de présents et de bonnes paroles ; et elle trouva que Platon avait eu bien raison de bannir les poètes de sa république.

La Fronde était bien morte ; aussi , ne pouvant avoir un salon politique, ce qui est le rêve de beaucoup de femmes, la duchesse de Bouillon se contenta d'un salon littéraire. dans lequel tous les beaux esprits de la ville et de la cour se rencontraient. Comme elle voulait être l'arbitre du goût, comme elle prétendait à une domination absolue dans le domaine de l'esprit, elle s'avisa de tous les moyens pour faire triompher son jugement. Lorsque vint la rivalité de Racine et de Pradon, elle mit tout en œuvre pour assurer le succès de ce dernier ; elle loua la salle pour six représentations et fit siffler la malheureuse *Phèdre* sans pitié. Ce bel exploit lui coûta quinze mille livres : les dépenses faites pour l'amour-propre ne paraissent jamais chères. Ce malheureux Racine, qu'on appelle pourtant le poète des femmes, n'eut jamais de chance avec elles. Au siècle dernier, une femme de la cour, écrivant à une de ses amies, mit dans sa lettre quinze des plus beaux vers d'*Esther*. Cette pièce était restée à peu près inconnue, et, de l'avis de tous, les vers furent trouvés détestables, jusqu'au moment où on apprit le nom de l'auteur. Les femmes jugent avec leur imagination, avec leur cœur ; avec leur raison jamais. Ce n'est pas seulement en littérature que la duchesse de Bouillon

se trompa; elle erra sur beaucoup d'autres points.
Entraînée par ce qu'elle voyait autour d'elle, par
l'exemple venu du roi lui-même, elle céda à la
galanterie, qui passait alors plutôt pour une noble
passion que pour un vice honteux. Comme toutes
ses contemporaines, elle se retira quelques mois
dans un couvent, ce qui était une manière bien
commode de faire oublier ses fautes. Singulière
coïncidence! Dans le même temps, trois des
nièces de Mazarin, Marie, Hortense et Marie-Anne
se voyaient mises dans des couvents par leurs
maris. Une autre faiblesse de Marie-Anne, mais
celle-là elle la tenait de famille, c'était l'astrologie. Pour satisfaire à ce goût elle alla consulter
la Brinvilliers, et elle se trouva compromise dans
l'affaire du poison. Citée devant la Chambre Ardente qui siégeait à l'Arsenal, elle y alla, comme
on va à un triomphe, accompagnée de trente carrosses. Écoutons Mme de Sévigné nous faire le récit
de sa comparution : « Mme de Bouillon entra comme
une petite reine dans cette Chambre; elle s'assit
dans une chaise qui lui avait été préparée; et, au lieu
de répondre à la première question, elle demanda
qu'on écrivît ce qu'elle voulait dire. C'était : « qu'elle
» ne venait là que pour le respect qu'elle avait pour
» les ordres du roi, et nullement pour la Chambre,
» qu'elle ne reconnaissait point, ne voulant point
» déroger au privilège des ducs. » Elle ne dit pas
un mot que cela ne fût écrit; puis elle ôta son gant

et fit voir une très belle main. Elle répondit sincèrement, jusqu'à son âge : « Connaissez-vous la Vi-
» goureux ? — Non. — Connaissez-vous la Voisin ?
» — Oui. — Pourquoi voulez-vous vous défaire de
» votre mari ? — Moi, m'en défaire ? Vous n'avez
» qu'à lui demander s'il en est persuadé : il m'a donné
» la main jusqu'à cette porte. — Mais pourquoi alliez-
» vous si souvent chez la Voisin ? — C'est que je vou-
» lais voir les sibylles qu'elle m'a promises ; cette
» compagnie méritait bien qu'on fît tous les pas. —
» N'avez-vous pas montré à cette femme un sac
» d'argent ? » Elle dit que non pour plus d'une raison,
et cela d'un air fort riant et fort dédaigneux. — « Eh
» bien, Messieurs, est-ce là tout ce que vous avez à
» me dire ? — Oui, madame. » Elle se leva, et en
sortant elle dit tout haut : « Vraiment, je n'eusse
» jamais cru que des hommes sages pussent demander
» tant de sottises. » Elle fut reçue de ses parents,
amis et amies avec adoration, tant elle était jolie,
naïve, naturelle, hardie, et d'un bon air et d'un
esprit tranquille. » La tradition ajoute que La Reynie
lui ayant demandé si elle avait vu le diable, elle
lui répondit : « Je le vois en ce moment ; il est vieux,
laid et conseiller d'État. » La Reynie ne fit pas men-
tionner cette réponse sur le procès-verbal. Il eut
moins de philosophie que Laubardemont ; dans le
procès d'Urbain Grandier, le diable dit une fois par
la bouche d'une religieuse : « M. de Laubardemont
est un sot. » Et Laubardemont, à son ordinaire, mit
le soir : « *ce que j'atteste être vrai* » et signa.

Louis XIV n'aimait l'opposition sous ancune forme, et l'attitude de la duchesse de Bouillon lui déplaisait particulièrement. Il profita de cette occasion pour l'exiler; elle alla à Londres rendre visite à sa sœur Hortense; dans son salon fréquenté par les courtisans de Jacques II, elle retrouva la bassette, la conversation, la bonne chère, tout ce qu'elle avait laissé à Paris, et de plus la liberté de s'entretenir sur toutes espèces de sujets sans être obligée de veiller sur ses paroles. La chute des Stuarts la chassa d'Angleterre; elle alla alors à Rome où son beau-frère, le cardinal de Bouillon, était ambassadeur. Elle y mena une grande vie, et se trouvant avec son frère, le duc de Nevers, elle donna de ces fêtes qui ne peuvent se voir que sous cet heureux climat. « La duchesse de Bouillon et le duc de Nevers, dit l'abbé de Coulanges, s'avisèrent même, au clair de la lune, de profiter de la fraîcheur des belles nuits et de se promener dans un char découvert, ayant avec eux la signora Faustina, l'une des plus belles voix de Rome, et les instruments nécessaires pour l'accompagner. Ils la faisaient chanter sous les fenêtres de l'ambassadeur d'Espagne, qui, dès que la Faustina avait cessé, ne manquait pas de lui faire répondre de dessus un balcon par la signora Georgina, sa maîtresse, qu'il avait enlevée au duc de Mantoue et qui, n'ayant pas une voix moins belle que la Faustina, avait aussi ses partisans; si bien que, chantant à l'envi l'un de l'autre, ce divertisse-

ment, qui dura plusieurs nuits, attirait nombreuse
compagnie. » Elle revint à Paris, où elle mourut en
1714. « Elle était la reine de Paris, dit Saint-Simon,
et de tous les lieux où elle avait été exilée. Mariés
enfants, tous les Bouillons, le prince de Conti, le duc
de Bourbon, tous étaient plus petits devant elle que
l'herbe. Elle n'allait chez personne qu'aux occasions... et elle y conservait un air de supériorité
sur tout le monde, qu'elle savait mesurer et assai-
sonner selon les personnes... L'esprit et la beauté
la soutinrent, et le monde s'accoutuma à en être
dominé. » En un mot, elle passa sa vie à soutenir
son rang, c'est-à-dire ses prétentions ; à tout sacrifier à quelques satisfactions d'amour-propre et d'é-
tiquette. C'est là l'histoire de toutes les femmes ; c'est
cette sotte vanité qui corrompt leurs meilleures
qualités, qui les rend haïssables et qui est le dernier
sentiment qui survive en elles. Près de mourir, la
fille de Louis XV ne se souvient que d'une chose,
c'est qu'elle est princesse, et sa dernière parole
est celle-ci : « Au paradis, vite, au grand galop ! » Et
pourtant, comme le dit Saint-Simon, le monde s'ha-
bitue à être dominé, parce qu'il n'est généralement
composé que de sots ou de fous, qui laissent le
pouvoir à ceux qui ont de l'énergie pour s'en em-
parer, de la ténacité pour le conserver : là est le
grand secret de la domination féminine.

Pour en finir avec la famille de Mazarin, il faut
dire un mot de son neveu, Philippe Mancini, le seul

qui survécut, les deux autres étant morts à la fleur de l'âge. Ne fût-il pas neveu de Mazarin, Philippe Mancini mériterait une mention spéciale, tellement il tranche sur ses contemporains : cet homme indolent, paresseux même, qui est aux sources de la faveur et qui ne veut pas étendre la main pour y puiser, qui est le neveu du ministre tout-puissant, le familier du roi avec lequel il s'entretient tous les jours, et qui ne profite pas de ces circonstances pour faire sa fortune, fait un tel contraste avec tous ces hommes qui se pressent fiévreusement autour de Louis XIV, qu'on le prendrait pour un philosophe, si l'on ne savait que cette modération dans les désirs était un résultat du tempérament, et non un fruit de la sagesse. Mazarin ne s'y trompa pas ; il vit bien que ce neveu ne lui ferait jamais honneur, qu'il n'aurait pas son goût pour les intrigues ; aussi le déshérita-t-il ; et il alla choisir, pour porter son nom et ses armes, un étranger à sa famille, le neveu du cardinal de Richelieu, qui était encore moins propre à remplir le but qu'il se proposait. Toutefois, Philippe ne fut pas bien à plaindre ; Mazarin le fit comte de Nevers, lui donna de grands biens en France et en Italie, ce qui lui permit de se livrer à cette vie molle et oisive qui est l'idéal de beaucoup d'Italiens. Un jour, l'envie de se marier lui prit, et il alla choisir la belle Mlle de Thianges, nièce de Mme de Montespan alors dans toute sa faveur. On crut que l'ambition lui était venue, et qu'il allait profiter du crédit de

la favorite pour obtenir charges et commandements.
Il n'en fut rien : il continua à vivre comme avant,
c'est-à-dire à passer ses jours sur les grandes routes,
à aller de Paris à Rome et de Rome à Paris. De
temps en temps, il entrait chez sa femme : « Habillez-
vous, lui disait-il, la voiture nous attend. » Celle-ci
s'empressait, croyant qu'il s'agissait d'aller à Saint-
Cloud ou à Versailles ; elle était tout étonné d'entendre son mari dire au cocher : « A Rome ! » C'est
qu'alors on ne faisait pas ce voyage aussi facilement
qu'aujourd'hui ; la distance que nous franchissons
en quarante-huit heures demandait souvent trois
semaines ou un mois. Il fallait près de huit jours
pour aller à Marseille. Lorsque le prince de Conti
partit pour se mettre à la tête de l'armée, il alla en
quatre jours de Paris à Toulon, grâce à des relais
préparés spécialement, et cette rapidité fut regardée
comme extraordinaire. A Marseille, il fallait souvent attendre que les vents voulussent bien permettre le départ ; un jour, le duc de Nevers attendit
trois semaines, s'occupant à composer des chansons
et des vers satiriques pour se distraire. La longueur
du trajet n'arrêtait pourtant pas ni le duc de Nevers
ni ses contemporains. Tallemant des Réaux parle
d'un personnage de la cour qui revenait de Rome,
et à qui l'on parlait d'une des principales curiosités
qu'il avait oublié de voir. Le lendemain, il remon-
tait dans son carrosse, retournait à Rome, voyait
l'objet qu'on lui avait indiqué sans même descendre

de voiture, puis il retournait à Versailles, où il rentrait, après un mois d'absence. Les Anglais n'ont pas le privilège de l'excentricité.

Ces nombreux voyages permettaient au duc de Nevers de soustraire sa femme aux galanteries du roi et des courtisans. Elle l'avait échappé belle, en effet. Mme de Montespan, sentant le roi se détacher d'elle, avait essayé de tourner les yeux sur sa nièce, devenue duchesse de Nevers. Heureusement, la chose ne réussit pas. Dans le cas contraire, que fût-il advenu ? La duchesse eût-elle résisté ? Quelle eût été l'attitude du duc de Nevers ? Il est permis de se le demander dans une cour où Bussy-Rabutin écrivait, à propos de Mlle de Sévigné, sa cousine : « On dit que le roi va s'attacher à elle : j'en suis enchanté, il ne pouvait mieux tomber » ; dans une cour où l'on voyait Villarceaux dire au roi : « Sire, on dit que vous avez jeté les yeux sur ma nièce ; j'espère que vous ne vous servirez pas d'autre intermédiaire que moi pour l'engager à faire vos volontés. » Si le duc de Nevers évita tout péril du côté du roi, il fut moins heureux avec le prince de Condé, qui lui joua un tour des plus piquants. Sachant que le duc se préparait à emmener sa femme à Rome, il retarda le départ en donnant à Chantilly une fête qui lui coûta cent mille écus : ce n'est pas trop payé pour un caprice de prince. Quant aux vers qui devaient accompagner les ballets et figurer sur les écussons, il les demanda au duc de Nevers, à qui ce genre de composition était agréable ; de sorte qu'il fit faire par le mari les déclarations qu'il adressait à sa femme. Les malices de cour ne sont pas toutes aussi innocentes. Les vers tenaient une large place dans la vie du duc de Nevers ; il en faisait pour plaire à ses amis, il en faisait pour se venger de ses adversaires. Dans la fameuse affaire du quiétisme, il prit parti pour Fénelon ; il dit à Bossuet quelques-unes de ces vérités que ses contemporains ne lui épargnèrent guère, et que la postérité a oubliées, ne voyant en lui que le grand orateur. Dans la querelle entre Racine et Pradon, il suivit sa sœur, la duchesse de Bouillon, et il alla siffler chaque soir cette *Phèdre* qui passe aujourd'hui pour un chef-d'œuvre. Non content de cela, il descendit dans l'arène pour combattre le poète avec ses propres armes ; il composa un sonnet qui occupa la ville et la cour, et qui commençait par ces vers :

> Dans un fauteuil doré, Phèdre, jaloux et blême,
> Dit des vers où, d'abord, personne n'entend rien...

Boileau et Racine refirent le sonnet d'une autre façon :

> Dans un palais doré, Damon, jaloux et blême,
> Fait des vers où jamais personne n'entend rien...

Et, continuant sur ce ton, ils décochaient au duc de Nevers les épigrammes les plus sanglantes. Ce dernier se souvint alors qu'il n'était pas seulement poète, mais aussi qu'il était grand seigneur ; il fit dire à Racine et à Boileau que la première fois qu'il les verrait sur le théâtre, il les ferait bâtonner. Mais Racine avait Condé pour protecteur, et ce dernier fit proclamer bien haut que toute injure faite à son poète le toucherait personnellement : il ne tenait pas autrement à Racine, mais il était bien aise d'humilier le neveu de Mazarin. Grâce à cette intervention, cet incident littéraire se termina sans coups de bâtons ; les grands seigneurs pouvaient bien en donner aux écrivains, puisque ceux-ci s'en donnaient entre eux. L'indolence du duc de Nevers était telle, qu'il oublia de faire enregistrer son brevet de duc et ne put le transmettre à son fils. Celui-ci, qui fut le duc de Nivernais, l'un des hommes les plus aimables du xviiie siècle, pouvait s'en passer plus facilement qu'un autre. Quant au duc de Nevers, la malice satirique s'exerça sur lui comme sur tous les hommes que leur rang ou leur mérite désigne à l'attention de la foule : il était prince de Vergagne, et, à cause de sa vie débauchée, on ne l'appelait plus que le prince de Vergogne. Mazarin avait décidément bien fait de le renier.

III

LA FRONDE ET LE TRAITÉ DES PYRÉNÉES

Le traité de Westphalie, la Fronde, le traité des
Pyrénées, voilà les trois faits qui remplissent la
vie de Mazarin; c'est sur ce terrain qu'il a déployé
son habileté de négociateur sans égal; c'est là surtout qu'il faut l'étudier. L'administration intérieure
n'est pas son fait; à Colbert et à Louvois il est ré-
servé de faire prospérer notre commerce et de
refondre notre organisation militaire.

En signant le traité de Westphalie, Mazarin ne
fit guère que recueillir ce qu'avait semé son habile
prédécesseur. Les préliminaires de la paix générale
avaient été signés par Louis XIII en 1641; et, depuis 1644, les négociations se poursuivaient à Muns-
ter et à Osnabrück sans amener aucun résultat.
Pendant ce temps, on continuait à se battre; Condé
et Turenne soutenaient la gloire des armées fran-
çaises, qui venaient de recevoir un nouvel éclat
par la prise de Thionville et de Dunkerque, par les

victoires de Fribourg et de Nordlingen, par l'heureuse trouée faite en Allemagne et poussée jusqu'à Augsbourg. Ces brillants faits d'armes avaient grandi la réputation de Condé, que Mazarin commençait à redouter; pour ne pas le laisser oisif, pour le tenir éloigné de Paris, il imposait à ses ennemis des conditions de plus en plus dures qui contribuaient à retarder la paix. Mais tout le monde en avait besoin et envie. La victoire de Lens, remportée le 20 août 1648 sur l'archiduc Léopold, vint en hâter la conclusion : encore une campagne comme celle-là, et Turenne pouvait menacer Vienne, tandis que Condé entrerait dans Bruxelles. L'empereur le comprit et se soumit à la nécessité. Le 24 octobre 1648 fut signé le traité de Westphalie, après quatre ans de négociations. La France avait la possession assurée de l'Alsace et des trois évêchés, Metz, Toul, Verdun; la Suède gagnait la Poméranie occidentale, y compris Stettin, l'île de Rugen, les trois bouches de l'Oder et les évêchés de Brême et de Werden, devenant ainsi puissance allemande; quant à l'Allemagne, elle avait conquis la liberté de conscience et la liberté politique; les droits des protestants étaient égalés à ceux des catholiques; désormais le consentement d'une assemblée libre, composée de tous les États de l'empire, était nécessaire pour faire les lois, lever les soldats, mettre les impôts, décider de la paix ou de la guerre. Le traité de Westphalie terminait la guerre de Trente-

Ans, et mettait fin à la domination de la maison d'Autriche en Allemagne.

La paix avec la maison d'Autriche permettait à Mazarin de reporter toute son attention sur l'intérieur, où les difficultés allaient grandissant chaque jour. La Fronde venait de commencer, et, pour la combattre, il déploya une énergie, une patience, une fécondité de ressources qui montrent son habileté dans tout son éclat et qui font ressortir son génie sous son véritable jour. Si tant d'efforts avaient été dépensés dans le seul but de satisfaire une ambition privée, l'histoire ne s'en occuperait pas. Mais la question se place sur un terrain plus élevé; il s'agissait de livrer une dernière bataille aux prétentions de l'aristocratie et du Parlement, et de préparer la voie à la royauté absolue. C'est de cette lutte que Mazarin sortit victorieux, après y avoir déployé la fermeté d'un homme d'État, la ruse d'un sauvage ou, plutôt, d'un prélat romain. Tout changement de gouvernement fait naître des espérances insensées, des ambitions déçues, des mécontentements pleins d'aigreur, et plus encore lorsqu'une femme occupe le pouvoir : après avoir spéculé sur sa bonté, on compte sur sa faiblesse. C'est ce qui arriva lorsqu'on vit Anne d'Autriche écarter peu à peu tous ceux qui se croyaient des droits à sa confiance pour donner le pouvoir à Mazarin. Toutefois, l'agitation n'avait pas encore dépassé la sphère de la cour; elle ne tarda pas à en sortir.

Les questions de finance sont toujours celles qui donnent lieu aux mécontentements et aux révoltes; aussi un homme d'État contemporain avait-il raison de dire : « Faites-moi de bonnes finances, je vous ferai de la bonne politique. » Les guerres soutenues par Richelieu, et qui venaient de se terminer par le traité de Westphalie, avaient coûté des sommes considérables ; pour combler le vide du Trésor, on établit de nouveaux impôts qui excitèrent le plus vif mécontentement. Le Parlement , désireux de reprendre le rôle politique qui lui avait été enlevé par Richelieu, refusa d'enregistrer les édits. Pour assurer plus d'efficacité à sa résistance, on proposa une union entre les quatre cours souveraines de Paris : le Parlement, le grand conseil, la cour des aides et la chambre des comptes. La reine cassa cet acte d'union ; mais le Parlement, qui se sentait soutenu par l'opinion, persista dans son dessein et doubla ses exigences. Anne d'Autriche commençait à se lasser, quand la victoire de Lens vint lui rendre courage et donner du prestige à son administration. « Le Parlement sera bien fâché », dit le jeune roi âgé de sept ans, qui suivait avec attention les péripéties de cette lutte entre la royauté et les mécontents, et qui se proposait bien de ne pas laisser se renouveler de pareilles scènes lorsqu'il régnerait. Enhardi par la victoire de Condé, aveuglé par cet esprit d'erreur qui souffle parfois sur les hommes au pouvoir et les pousse à leur ruine, le gouverne-

ment fit arrêter le conseiller Broussel et le président de Blancmesnil, procédé dont il usait souvent
dans ses querelles avec le Parlement, et qui lui
avait réussi quatre années auparavant. Mazarin et
Anne d'Autriche s'étaient trompés : ils n'avaient pas
tâté l'opinion publique; ils ne s'étaient pas rendu
compte de cette émotion sourde qui couvait depuis
quelques mois à Paris et dans les provinces. Cet
incident, insignifiant en lui-même, eut les plus
graves conséquences ; comme le coup de pistolet
tiré par hasard le 24 février 1848, il fit naître une
révolution.

L'émotion fut vive dans la capitale en apprenant
cette nouvelle; les boutiques se fermèrent, les
groupes se formèrent, les barricades commencèrent
à s'élever. Paul de Gondi, coadjuteur de l'archevêque
de Paris, son oncle, se rendit au Palais-Royal pour
faire savoir à la reine et au cardinal l'irritation
produite par cet acte d'autorité. Le maréchal de La
Meilleraye et le capitaine des gardes Guitaut con-
firmèrent la vérité des assertions. La reine, em-
portée par la vivacité de son caractère, répondit à
Retz : « Je vous entends, monsieur le coadjuteur, vous
voudriez que je donnasse la liberté à Broussel ; je
l'étranglerais plutôt avec les deux mains. » Et en
parlant ainsi elle s'avança vers lui, lui portant presque les deux mains au visage. Mazarin calma son
agitation, et la poussa à faire quelques promesses
vagues propres à désarmer l'agitation populaire.

Mais, loin de cesser, l'agitation redoublait au contraire. On ne voyait partout que barricades, qu'hommes armés de piques. Le premier président, Mathieu Molé, accompagné d'une députation du Parlement, vint à son tour trouver la reine, pour la décider à une politique d'apaisement. Il ne put arriver au Palais-Royal qu'à travers mille dangers, et qu'après avoir senti plusieurs fois sur sa poitrine les armes des factieux, qui l'appelaient traître et qui lui redemandaient Broussel. Mais plus on suppliait la reine, plus elle s'obstinait, fidèle en cela à la politique féminine, qui cède à l'entêtement et à l'amour-propre, au lieu de consulter la raison et d'obéir aux circonstances. C'est pour cela que les femmes sont impropres au maniement des affaires publiques; elles ont toujours conduit au milieu des précipices le char de l'État, lorsque celui-ci s'est trouvé confié à leurs mains. Cependant le péril devenait si grand, que tous ceux qui entouraient la reine la conjurèrent de céder. Le duc d'Orléans fit mine de se jeter à genoux; quatre ou cinq princesses, tremblantes de peur, s'y jetèrent effectivement; la reine d'Angleterre représenta que jamais à Londres les esprits n'avaient été aussi échauffés. Enfin, Anne d'Autriche céda en pleurant de rage; livrée à elle-même, elle eût préféré voir le Palais-Royal en flammes plutôt que de reculer, et beaucoup de femmes sont comme elle.

Le lendemain, le prince de Condé revint à Paris.

Il n'aimait pas le cardinal, mais son humeur altière se trouvait froissée des prétentions du Parlement : aussi, tout d'abord prit-il parti pour la cour. Son appui ne lui fut que de peu d'efficacité, puisque le 6 janvier, dans la nuit, elle s'enfuit de Paris pour se réfugier au château de Saint-Germain. Ce fut avec joie que Paris apprit cette nouvelle ; le Parlement rendit un arrêt qui déclarait Mazarin ennemi public ; les seigneurs, presque tous mécontents de Mazarin, se joignirent aux frondeurs. A leur tête se trouvait la duchesse de Longueville, sœur de Condé, qui alla s'établir à l'Hôtel de Ville, où elle fit ses couches. Chaque soir Paris était en fête, on dansait à l'Hôtel de Ville, et les gentilshommes qui avaient combattu dans la journée venaient se récréer auprès des princesses. « Ce mélange d'écharpes bleues, de dames, de cuirasses, de violons qui étaient dans la salle et de trompettes qui étaient dans la place donnaient un spectacle qui se voit plus souvent dans les romans qu'ailleurs, » dit le cardinal de Retz. La duchesse de Montpensier parle également des bals qu'elle donnait à la veille de partir pour une expédition, et des réjouissances de toutes sortes auxquelles se livraient ces jeunes seigneurs qui couraient si légèrement à la mort. C'est ce mélange de guerre et de galanterie, cet assemblage d'écharpes et de cuirasses qui a donné son caractère à la Fronde, voilant aux yeux superficiels les désastres qu'une guerre civile entraîne toujours après elle.

Cette première échauffourée ne dura pas long-temps. Elle échoua en partie par suite de l'inaction à laquelle se trouva condamné Turenne. Ce guerrier, entraîné par les conseils de son frère le duc de Bouillon, avait voulu joindre son armée à l'armée impériale, et marcher ainsi contre Paris. Ses soldats refusèrent de le suivre dans cette voie honteuse, donnant un exemple que devaient imiter plus tard ceux de Dumouriez. Cette espérance venant à manquer aux frondeurs, il fallut bien se résigner à faire la paix. Mais ce n'était qu'une trève ; les ambitions qui avaient amené cette levée de boucliers subsistaient plus vivaces que jamais. Condé, toujours ambitieux, toujours mécontent, aspirait à prendre la place de Mazarin. Il fut vaincu dans cette lutte, ayant la reine contre lui ; et son arrestation fut décidée. Elle se fit avec une grande facilité, en plein jour, alors qu'il était venu rendre ses devoirs à la régente ; il était arrivé avec cette superbe insouciance, cette présomption qui naît souvent de la fatuité, mais que donne également le sentiment exagéré de son pouvoir et de sa valeur personnelle. Plusieurs hommes politiques ont succombé, victimes de ce sentiment. « Il n'oserait, » disait le duc de Guise en se rendant vers Henri III. Ce même mot était répété par Danton au moment de paraître devant le tribunal révolutionnaire. « Ils ont trop besoin de moi ! » répondait M. Thiers à quelques amis perspicaces la veille du jour où il fut renversé. Lui aussi, le prince de Condé se croyait nécessaire, ce qui ne l'empêcha pas de se voir emprisonné, d'abord à Vincennes, ensuite au Havre. Mais son arrestation fut le signal d'une nouvelle révolte, aussi bien en province qu'à Paris; Bordeaux devint le centre de la résistance, et la cour accompagna les troupes royales qui marchaient contre cette ville. Quand elle revint à Paris, l'émotion y était plus vive que jamais, et le nom de Mazarin en exécration à tous. Voyant l'opinion entièrement tournée contre lui, voyant la liberté des princes réclamée par tous, en habile politique il céda à l'orage, au lieu de le braver sans profit. Il courut au Havre délivrer les princes prisonniers, puis il passa la frontière et se réfugia à Brühl, petite ville de l'électorat de Cologne, non loin de l'endroit où Marie de Médicis était naguère morte dans l'abandon.

Même éloigné, il présidait toujours aux destinées de la France, et la reine ne faisait rien sans le consulter. Cependant, un moment il parut perdre confiance et se livrer au découragement. Ce ne fut pas à la suite de l'édit du Parlement qui le bannissait du royaume, qui mettait sa tête à prix, qui confisquait ses biens, qui ordonnait la vente et la dispersion de sa belle bibliothèque : ce dernier raffinement dut lui être particulièrement sensible, et pourtant tout cela le laissait indifférent; il se renfermait dans cette patience dont il avait fait un si long apprentissage. Ce qui le toucha le plus, ce fut de voir la reine désavouer formellement son administration et promettre de ne jamais le rappeler. Il savait qu'elle avait la main forcée, qu'elle attendait la majorité du roi pour triompher des factieux; il ressentit vivement, malgré cela, ce semblant d'abandon. Aussi lui écrivit-il de Brühl : « J'ai pris dix fois la plume pour vous écrire sans l'avoir pu, et je suis si hors de moi du coup mortel que je viens de recevoir que je ne sais pas si tout ce que je pourrais vous dire aura ni rime ni raison. Le roi et la reine, par un acte authentique, m'ont déclaré un traître, un voleur public, un insuffisant, et l'ennemi du repos de la chrétienté après la paix. Il n'est plus question de bien, ni de repos, ni de quoi que ce puisse être. Je demande l'honneur qu'on m'a ôté, et qu'on me laisse en chemin, renonçant de très bon cœur au cardinalat et aux bénéfices dont j'enverrai la démission avec joie, consentant volontiers d'avoir donné à la France vingt-trois années les meilleures de ma vie, toutes mes peines et mon peu de biens, et de me retirer seulement avec l'honneur que j'avais quand je commençais de la servir. » Les lettres des ambitieux ressemblent à celles des amoureux plaintifs; ils n'y croient pas eux-mêmes, sachant bien qu'ils se plaignent d'un mal de peu de durée.

Il ne fut pas longtemps dans l'incertitude : les événements, qui se précipitaient, vinrent lui permettre de rentrer en scène. Le jour de la majorité du roi, il y eut grande séance au Parlement; le jeune

prince annonça à ses peuples que, suivant les lois
de son État, il en voulait prendre le gouvernement,
espérant de la bonté de Dieu que ce serait avec
bonté et justice. Condé n'assistait pas à cette
séance ; il avait repoussé l'envoyé du roi venu le
chercher jusqu'à Bourges ; puis se tournant vers sa
sœur, la duchesse de Longueville : « Vous l'avez
voulu ; souvenez-vous que je tire l'épée malgré moi
et que je serai le dernier à la mettre dans le fourreau. » La duchesse de Longueville avait fait son
métier d'Ève, celui que toutes les femmes ont exercé
depuis notre première mère, c'est-à-dire qu'elles
ont entraîné les hommes dans toutes sortes de
fautes et de crimes pour satisfaire leurs caprices,
leur amour-propre, et surtout leur avidité. Car il ne
faut pas oublier ce côté du caractère féminin : toutes
les femmes, même les plus vaporeuses et les plus
idéales, sont essentiellement pratiques ; le besoin de
la toilette et du luxe les empêche de connaître la
modération, de goûter la médiocrité ; et toutes ressemblent à cette épouse barbare, criant à son mari :
« Tu reviens sans butin, tu n'es pas un homme! »
Pour apprécier à leur juste valeur les motifs qui
ont poussé la plupart des héroïnes de la Fronde, il
faut lire le passage suivant des *Mémoires* de Mlle de
Montpensier : « Monsieur me dit un jour : « Vous avez
» connu le coadjuteur? pourquoi ne vous plaît-il
» plus ?... » Je lui dis que je n'en savais rien ; il me
dit qu'il fallait nous raccommoder. Je lui dis que s'il

faisait des avances pour cela, j'en serais bien aise,
qu'il ne me semblait pas que j'en dusse faire. Je le
trouvai chez Monsieur ; il vint à moi et il me dit :
« Je vous supplie que j'aie l'honneur de vous par-
» ler. » Nous allâmes à une fenêtre, où nous eûmes
un éclaircissement, duquel nous partîmes bien amis.
La Palatine eut grande joie de savoir cela avant
que de partir ; quoiqu'elle m'eût dit adieu, elle resta
encore quinze jours à Paris, pendant lesquels
Mme de Choisy vint me voir pour me dire : « La
» Palatine a besoin d'argent, elle veut avoir deux
» cent mille écus. » Je lui dis que j'ordonnerais à
mes gens de les trouver ; sur quoi elle me répliqua :
« La Palatine ne veut pas que vos gens le sachent ;
» elle vous en fera trouver, et les sûretés à ceux
» qui vous les prêteront, parce que vous n'êtes pas
» en âge ; afin qu'il n'y ait nulle difficulté. » Je
n'en voulais rien faire, voyant bien qu'elle voulait
me prendre pour dupe. » Cherchez au fond de
toutes les émeutes et de toutes les révolutions, vous
trouverez toujours la question d'argent.

Condé fit une chose plus coupable que de se révol-
ter ; il conclut avec l'Espagne un traité à la suite
duquel huit navires espagnols, portant de l'argent
et des troupes, entrèrent dans la Gironde ; Condé
leur livra le havre de Talmont. Heureusement que
Turenne, revenu de ses erreurs, avait offert son
épée à la reine et que Mazarin rentrait en France
amenant une troupe de six mille hommes qu'il avait

levés. Les principaux événements qui marquèrent cette dernière période de la Fronde sont la nomination du duc d'Orléans comme régent du royaume, et la part active prise à cette guerre par sa fille, la duchesse de Montpensier, qui alla soulever la ville d'Orléans ; de nouveaux édits contre Mazarin, qu'on ordonnait de prendre mort ou vif, et qui fut obligé de s'enfuir une troisième fois, mais sans passer la frontière (il s'arrêta à Sédan) ; enfin la guerre transportée aux environs de Paris, et cette fameuse bataille du faubourg Saint-Antoine, dont le sort fut décidé par Mlle de Montpensier qui, du haut de la Bastille, tira le canon sur les troupes royales. Cependant tout le monde était las de cette lutte, qui se faisait sans profit pour personne et qui amenait la misère dans le royaume. Les massacres de l'Hôtel de Ville, incident qui accompagne presque toujours les commotions populaires, fut le signal d'une réaction salutaire, et dans Paris beaucoup de bourgeois arborèrent le mouchoir blanc en haine du bouquet de paille qui servait de cocarde aux frondeurs. Cet apaisement dans les esprits amena la pacification ; le jeune roi, accompagné de la reine mère et de Mazarin, put rentrer dans sa capitale et proclamer une amnistie. Il pardonna, mais il n'oublia pas ; et un des actes qui précédèrent son retour fut l'arrestation du cardinal de Retz, qui avait tour à tour servi les frondeurs et les royalistes, selon son intérêt du moment.

Ceux qui seraient tentés de montrer trop d'indulgence pour la Fronde, qui se laisseraient séduire par l'apparence de son côté chevaleresque, n'ont qu'à lire cet aveu formulé par l'un de ses principaux acteurs, le cardinal de Retz : « Nous perdions cette année-là la Catalogne, Barcelone et Casal, la clef de l'Italie. Nous vîmes Brisach révolté, sur le point de retomber entre les mains de la maison d'Autriche. Nous vîmes les drapeaux et les étendards d'Espagne voltigeant sur le Pont-Neuf, les écharpes jaunes de Lorraine parurent dans Paris, avec la même liberté que les jaunes et les bleues. » A l'intérieur, l'état de la France était plus misérable encore ; pas d'industrie, pas de commerce, partout les pilleries du soldat ; aussi la misère avait atteint une intensité qui nous étonne et aux détails de laquelle nous refuserions d'ajouter foi, si les témoignages les plus authentiques n'étaient là pour les attester. Comme dans toutes les crises sociales et individuelles, le remède naît de l'excès même de la maladie ; ainsi, cette société si cruellement éprouvée se rattacha à la vie par ces institutions charitables auxquelles saint Vincent de Paul a donné son nom. La facilité avec laquelle elles s'établirent, à cette époque de trouble et de désordre, prouve qu'une impérieuse nécessité en voulait l'établissement.

Tout n'est pas à blâmer dans la tentative du Parlement ; il résumait en lui ces tendances de la bourgeoisie qui éprouvait le besoin de s'occuper de ses propres affaires, de contrôler les actes de ses gouvernants. L'esprit qui avait soufflé sur le Parlement anglais avait passé le détroit; mais ces velléités de réforme n'avaient pas rencontré les mêmes conditions sur les rives de la Tamise. Les membres du Parlement anglais étaient des hommes pratiques, rompus au maniement des affaires, apportant avec eux les aptitudes que réclame la politique. Les magistrats français étaient, au contraire, des légistes, embarrassés dans les mille subtilités du droit, incapables de s'élever aux idées générales, aux conceptions philosophiques. Partis en guerre pour soutenir la cause de l'intérêt public, ils avaient fait comme tous les corps constitués, ils n'avaient pas tardé à tout sacrifier à leurs intérêts et à leurs privilèges. D'ailleurs, la nation n'était pas encore mûre pour cette transformation; avant qu'un changement se fasse dans les lois, il faut qu'il soit fait dans les esprits, qui alors l'imposent impérieusement : jusqu'à ce moment, il reste à l'état d'utopie dans la tête de quelques philosophes. L'histoire du progrès des idées morales est, à ce point de vue, très intéressante à étudier; il n'est pas de conquête de notre civilisation qui ne se trouve formulée dans les écrits d'un de ces grands penseurs dont s'honore l'humanité. Le jour où ils émettent l'idée qui doit devenir un jour un principe indiscutable, on les raille comme des fous, on les exile ou on les brûle comme des citoyens dangereux. Ainsi en fut-il longtemps de ceux qui réclamaient leurs droits politiques ; à maintes reprises ils furent chassés, embastillés, torturés, et l'histoire n'est, à proprement parler, que le tableau de cette lutte entre les hommes qui ont usurpé le pouvoir et ceux qui défendent une propriété leur appartenant. Cette conquête ne date, en France, que de la fin du siècle dernier, et elle n'est pas encore si bien assurée que souvent elle ne se voie menacée par des hommes violents ou astucieux.

Si le Parlement fut excusable, s'il agit un moment poussé par l'amour du bien public, il n'en est pas de même de la noblesse, qui troubla le pays uniquement pour satisfaire son avidité et son ambition, et qui, loin de vouloir le faire progresser, cherchait à le ramener aux plus mauvaises époques de la domination féodale. Le Parlement ne lui ménagea pas les leçons, et l'histoire doit s'en souvenir pour apprécier le triste rôle joué par les premiers seigneurs de la cour dans la guerre de la Fronde. Au début, lorsqu'on attendait l'arrivée de l'armée allemande, conduite par Turenne, le prince de Conti voulut introduire un envoyé de l'archiduc Léopold. Le Parlement, qui avait plus de patriotisme qu'un prince du sang, refusa de le recevoir : « Quoi ! Monsieur, dit le président de Mesme au prince de Conti, est-il possible qu'un prince du sang de France propose de donner séance, sur les fleurs de lis, à un député du plus cruel ennemi des fleurs de lis ? »

Quand Conti, après la défaite des troupes royales,
osa se présenter devant le Parlement pour lui demander d'exciter le peuple de Paris à la révolte, le président de Bailleul lui répondit que la Compagnie
tenait toujours à honneur de voir M. le prince dans
son sein, mais qu'elle eût souhaité de ne pas l'y voir
dans l'état où il était présentement, les mains encore
sanglantes de la défaite des soldats du roi. Le président Amelot ajouta qu'il y avait lieu de s'étonner
de le voir faire battre du tambour pour lever des
troupes avec les deniers venus d'Espagne, dans la
capitale du royaume, qui est la plus fidèle qu'ait le
roi. Quelque temps auparavant, le Parlement s'étant
assemblé pour diriger une déclaration de lèse-ma-
jesté contre les princes, le premier président prononça ces paroles, entièrement approuvées par l'im-
partiale histoire : « C'est un grand malheur quand
les princes du sang donnent lieu à ces déclarations ;
mais ce malheur est commun et ordinaire dans le
royaume, et, depuis cinq ou six siècles, on peut dire
qu'ils ont été les fléaux du peuple et les ennemis
de la monarchie. »

Des scènes de violence, comme on en voit dans
toutes les assemblées politiques aux périodes de
révolution, apportaient à chaque instant le trouble
dans le Parlement, affaiblissant ainsi l'autorité de
la justice. La suivante peut faire juger des autres,
et montrer combien les hommes, excités par la passion, oublient facilement leur dignité. La reine avait

fait alliance avec Retz, et, se croyant forte de cet appui, elle dénonça au Parlement l'alliance de Condé avec l'Espagne. Le coadjuteur, qui s'attendait à une lutte armée, avait amené du monde avec lui ; la reine avait envoyé des soldats, et Condé était arrivé fort accompagné. La chose n'avait rien d'extraordinaire en soi ; la plupart des grands qui avaient un procès arrivaient au Parlement avec tous leurs parents et amis. C'était un souvenir de ce qui se passait aux premières époques de la monarchie, dans ces assises tenues en plein air et auxquelles les leudes venaient accompagnés de tous leurs fidèles, disposés à soutenir leur querelle, à les venger d'une condamnation. Le motif n'était plus le même ; mais ce cortège, dont se faisait suivre le plaideur, avait pour but de faire connaître aux juges le nombre des amis qu'il comptait et l'influence dont il pouvait disposer. Rien n'était plus habituel que de mettre ses amis en réquisition pour un semblable motif : Bassompierre, ayant un procès à Rouen, y appela tous les siens. Aucun ne manqua à l'appel, sauf le maréchal de Saint-Luc qui, s'étant arrêté dans une auberge où se célébrait une noce de paysans, y séjourna quelques jours pour y participer, et arriva le lendemain du jugement.

En entrant au Parlement, Condé, qui avait amené tout autant de monde que son adversaire, dit à la Compagnie qu'il ne pouvait assez s'étonner de l'état où il trouvait le palais, qui lui paraissait plutôt un

camp qu'un temple de justice, et qu'il ne convenait
pas qu'il pût trouver dans le royaume des gens assez
insolents pour lui disputer le pas. « Je lui fis une
profonde révérence, raconte Retz, et je lui dis que
je suppliais très humblement Son Altesse de me
pardonner si je lui disais que je ne croyais pas qu'il
y eût personne en ce royaume assez insolent pour
lui disputer le haut du pavé, mais que je m'étais
persuadé qu'il y en avait qui ne pouvaient, qui ne
devaient, pour leur dignité, quitter le pavé qu'au
roi. Or, le prince me répondit qu'il me les ferait
bien quitter ; je répondis que ce ne serait point aisé. »
La dispute s'échauffant, les présidents se jetèrent
entre les combattants. Condé céda à leurs instances,
et pria le duc de La Rochefoucauld d'aller dire à ses
amis de se retirer. Le coadjuteur sortit pour faire
aux siens la même prière. Comme il voulait entrer
dans le petit parquet des huissiers, il rencontra le
duc de La Rochefoucauld à la porte, qui la lui ferma
au nez, l'entr'ouvant seulement pour voir qui ac-
compagnait le coadjuteur. Celui-ci, voyant la porte
entr'ouverte, la poussa fortement ; mais il ne put
passer et demeura comme écrasé entre les deux bat-
tants, ne pouvant ni entrer ni sortir. Le duc de La
Rochefoucauld avait arrêté la porte par un crochet
de fer, le tenant là pour qu'il ne pût entrer davantage. Le coadjuteur était en mauvaise posture, pouvant craindre un coup de poignard par derrière.

On cria vers la Grand'Chambre, et Champlâtreux,

fils du premier président, sortit pour, de son autorité, faire ouvrir la porte malgré le duc de La Rochefoucauld. Comme le coadjuteur se plaignait, et que le duc de Brissac, son parent, menaçait le duc de La Rochefoucauld, celui-ci leur dit que, s'ils ne se trouvaient pas dans ce lieu, il les étranglerait. « Mon ami, lui dit le coadjuteur, ne faites pas le méchant; vous êtes poltron, et moi je suis prêtre : à nous deux nous ne ferions pas grande besogne. » C'est assez souvent que les hommes politiques descendent aux mœurs et au langage des portefaix.

La paix rétablie, l'amnistie accordée, Mazarin tourna tous ses efforts du côté de l'extérieur. Il n'avait plus à redouter l'opposition du Parlement. Un jour, le jeune roi y était entré en costume de chasse ; il lui avait défendu de s'assembler, et il était sorti sans écouter aucune harangue. L'assemblée avait compris que son rôle était fini ; elle portait la peine de son étroitesse d'esprit : elle était justement punie pour avoir préféré son intérêt particulier à l'intérêt général, pour avoir défendu ses privilèges, et non la cause de la liberté. Aussi se trouvait-elle réduite à un état inférieur à celui qu'elle avait connu jadis. Mathieu Molé disait : « J'irai à la cour, je dirai la vérité, après quoi il faudra obéir au roi. » Maintenant, il fallait l'obéissance sans phrase. Mazarin poursuivit sa lutte contre les Espagnols, qui étaient commandés par Condé, et que Turenne battait dans presque toutes les rencontres. Pour arriver plus vite à la fin de la lutte, il conclut un traité avec le protecteur Cromwell, et une armée anglaise vint débarquer à Boulogne. La ville de Dunkerque fut le prix de cette alliance offensive ; mais la cession de cette ville nous assurait Calais, et Mazarin prévoyait bien que les Anglais ne pourraient garder longtemps ce point isolé sur le continent.

La prise de Dunkerque et de Gravelines par les armées alliées porta un dernier coup à la puissance espagnole, épuisée par une guerre qui durait depuis si longtemps. Le roi Philippe IV prêta une oreille plus disposée aux propositions de paix et d'alliance qui lui étaient faites. Jusqu'à ce jour, il avait repoussé l'idée d'un mariage entre Louis XIV et sa fille, seule héritière de sa couronne. La naissance d'un enfant mâle vint lever cette difficulté. Toutefois il résistait encore, afin d'obtenir de meilleures conditions, lorsque Mazarin hâta sa décision par une de ces comédies familières à la diplomatie. Il feignit de vouloir marier le jeune roi à la princesse de Savoie, et la cour tout entière se rendit à Lyon, où eut lieu cette entrevue dans laquelle Marie Mancini joua un si singulier rôle. La ruse avait réussi ; en même temps que la duchesse de Savoie entrait par une porte, don Louis de Haro entrait par l'autre, apportant le consentement du roi Philippe IV. Mazarin en fut quitte pour quelques excuses et quelques cadeaux, et l'on renvoya les deux princesses avec autant de désinvolture que si l'on n'eût dérangé

que deux simples bourgeoises. Quelques mois après,
la cour se transportait sur la Bidassoa, et dans l'île
des Faisans le traité des Pyrénées était signé. Il
mettait fin à la guerre qui durait depuis vingt-trois
ans, et qui avait ruiné les finances des deux pays.
La France y gagnait l'Artois et le Roussillon, plusieurs places en Flandre, en Hainaut et en Luxem-
bourg; la paix de Westphalie était reconnue par
l'Espagne, à laquelle la France restituait tout ce
qu'elle possédait en Catalogne et en Franche-Comté.
L'infante recevait en dot 500,000 écus d'or, et renon-
çait à toute prétention sur le trône d'Espagne. Le
prince de Condé était reçu en grâce, et le roi lui
rendait ses honneurs et dignités. Le roi d'Espagne
sauvait les apparences; il n'abandonnait pas ses
alliés et mariait richement sa fille, mais l'Europe
ne s'y trompa pas : la France triomphait, la politique de Mazarin et de Richelieu l'emportait partout;
l'œuvre de Henri IV était consommée et la maison
d'Autriche humiliée dans ses deux branches.

Ce traité si glorieux fut fatal à Mazarin. Semblable à tous les ambitieux, qui veulent tout faire
par eux-mêmes, qui croient perdre une partie de
leur pouvoir s'ils recourent à des aides subalternes,
même pour la besogne matérielle, il refusa d'emmener avec lui aucun des ministres d'État, et il resta
seul pour lutter contre les trois plénipotentiaires
espagnols. Il triompha, mais il trouva la mort dans
son triomphe. La goutte qui le travaillait souvent,

mise en mouvement par cet excès de travail, lui
remonta au cœur, et dès lors tout espoir fut perdu.
On le rapporta mourant dans son palais, comme on
avait rapporté Richelieu, venant, lui aussi, du midi
de la France. La mort des grands n'est pas moins
instructive que leur vie; et il est peu de tableaux
aussi saisissants que celui des derniers instants de
Mazarin, tracé par Brienne.

« Le cardinal eut tant de fatigues durant les con-
férences de la paix qu'il en rapporta la maladie dont
il mourut, si j'ai bonne mémoire, l'année même.
Ce fut à Sibourre, où il avait son quartier, tandis
que le roi et les reines étaient logés à Saint-Jean-
de-Luz, qu'il sentit les premières atteintes du mal
dont la langueur l'a insensiblement conduit au tombeau. Un jour que je me trouvais dans sa chambre,
et qu'il était au lit, la reine mère, l'étant venue visi-
ter, lui demanda comment il se portait : «Très mal, »
répondit-il ; et, sans dire autre chose, il jeta sa cou-
verture, jeta sa jambe et sa cuisse nues hors du lit,
et, les montrant à la reine qui en fut étonnée aussi
bien que tous les spectateurs, il lui dit : « Voyez,
» Madame, ces jambes qui ont perdu le repos en le
» donnant à la France! » En effet, sa jambe et sa
cuisse étaient si décharnées, si laides, si couvertes de
taches blanches et violettes que cela faisait pitié. La
bonne reine ne put s'empêcher de pousser un grand
cri et de verser quelques larmes en voyant ce déplo-
rable état. On aurait dit Lazare sortant du tombeau.

» J'ai souvent songé depuis à cette orgueilleuse simplicité du cardinal, car je ne sais quel nom donner à cette action si familière et si peu décente, et je me suis dit cent fois à moi-même dans une juste surprise : « Est-il possible qu'un cardinal s'oublie à ce » point devant une femme, devant une reine entourée » des dames de sa cour ? Il fallait que la douleur le » pressât bien fort, ou qu'il crût tout permis à un » homme qui venait d'assurer le salut de l'État au pé-» ril de sa vie. » Il fut plaint, toutefois, et personne n'osa blâmer cette action ; mais j'avoue qu'elle me causa plus d'étonnement que de pitié.

» La santé de Son Éminence diminua notablement depuis ce jour ; on peut dire que le reste de sa vie ne fut qu'une longue mort. Il revint à petites journées de la frontière, toujours couché dans son carrosse, sur un matelas qu'il y faisait mettre tous les matins et sur lequel on le portait dans son lit, tant à la dînée qu'à la couchée. Ce n'est pas qu'il ne marchât quelquefois, mais c'est qu'on croyait cette petite agitation nécessaire à la grande faiblesse dans laquelle il était tombé. On le soutenait sous les bras, et le peu d'efforts qu'il faisait pour marcher l'abattait tellement qu'on eût dit qu'il allait mourir toutes les fois qu'il allait au lit. Il arriva dans cet état au Louvre ; il y faisait préparer, dans la galerie des portraits, un superbe ballet, dont la décoration devait être de colonnes de brocatelles d'or, à fond vert et rouge, découpées à Milan ; le feu prit par

hasard, ou, si l'on veut, par l'ordre du ciel qui
n'approuvait pas ces folles dépenses, dans cette magnifique décoration, gagna de là les portraits des
rois, tous de la main de Jomet ou de Porbus, et con-
suma en peu d'heures le dessus de la galerie, dont
le plafond était peint par Fréminet et représentait
la défaite des Titans par Jupiter. Sans les soins et
le courage d'un frère augustin du grand couvent,
qui se signala dans cet incendie, tout le Louvre eût
couru risque d'être brûlé. Une fourche à la main, ce
moine intrépide, attaché par le milieu du corps avec
une grosse chaîne de fer et suspendu en l'air tout au
milieu des flammes, poussait, détachait avec force
et précipitait jusqu'en bas les poutres et les solives
brûlantes. Je m'étais couché fort tard la nuit précé-
dente, et dormais encore sur les sept heures du matin, quand Lasourche, mon maître d'hôtel, vint me
réveiller en sursaut et m'apprendre l'incendie du
Louvre. Je courus à l'appartement du cardinal. Je le
rencontrai comme il sortait de sa chambre, soutenu
sous les bras par son capitaine des gardes. Il était
tremblant, abattu, et la mort paraissait peinte dans
ses yeux, soit que la peur qu'il avait eue d'être brûlé
l'eût mis dans cet état, soit qu'il regardât ce grand
embrasement comme un avertissement que le ciel
donnait à sa fin prochaine. Jamais je ne vis homme
si pâle ni si défait. Je ne laissai pas de m'approcher
de lui comme les autres ; mais quand je vis qu'il
ne répondait à personne, je ne lui dis mot, et je me

contentai de me faire voir à lui. Il monta sur sa chaise dans le haut du grand degré, et le descendit ainsi à l'aide de quatre porteurs et de ses gardes, tandis que les Suisses, rangés sur les marches à droite et à gauche, se passaient de main en main les seaux d'eau, où couraient les jeter sur les flammes qui dévoraient l'appartement dont il venait de sortir.

» A peine était-il arrivé à son palais, qu'on y fit la célèbre consultation de douze médecins dans laquelle Guénaud le condamna à mort. Pas un de ses confrères ne voulut se charger d'annoncer à Son Éminence cette fâcheuse nouvelle ; il le fit en ces termes, ainsi qu'il me l'a dit lui-même : « Il ne faut » point, Monseigneur, flatter Votre Éminence ; nos » remèdes peuvent prolonger vos jours, mais ils ne » peuvent guérir la cause du mal. Vous mourrez cer- » tainement de cette maladie, mais ce ne sera pas » encore sitôt. Préparez-vous donc, Monseigneur, à » ce terrible passage ; j'ai cru devoir parler franche- » ment à Votre Éminence, et si mes collègues vous » parlent autrement, ils vous trompent. » Le cardinal reçut cet arrêt avec beaucoup d'émotion, et lui dit seulement : « Combien ai-je à vivre encore ? — Deux » mois au moins, répondit Guénaud. — Cela suffit, » dit Son Éminence. Adieu, venez me voir souvent. » Je vous suis obligé autant que le peut être un ami. » Profitez du peu de temps qui me reste pour avancer » votre fortune, comme moi je vais mettre à profit

» votre avis salutaire. Adieu encore un coup, voyez
» ce que je puis faire pour votre service. » Cela dit, il
s'enferma dans son cabinet, et commença à penser
sérieusement à la mort.

» Je me promenais à quelques jours de là dans les
appartements neufs de son palais. J'étais dans la
petite galerie, où l'on voit une tapisserie tout en
laine qui représentait Scipion ; exécutée sur les des-
sins de Jules Romain, elle avait appartenu au maréchal de Saint-André : le cardinal n'en avait pas de
plus belle. Je l'entends venir au bruit que faisaient
ses pantoufles, qu'il traînait comme un homme fort
languissant et qui sort d'une grande maladie. Je me
cachai derrière une tapisserie, et je l'entendais qui
disait : « Il faut quitter tout cela ! » Il s'arrêtait à
chaque pas, car il était fort faible, et se tenait tantôt d'un côté, tantôt de l'autre ; et, jetant les yeux
sur l'objet qui lui frappait la vue, il disait du fond du
cœur : « Il faut quitter tout cela ! » Et se tournant,
il ajoutait : « Et tout cela encore ! Que j'ai eu de
» peine à acquérir ces choses ! Puis-je les abandonner
» sans regrets?... Je ne les verrai plus où je vais !... »
J'entendis ces paroles très distinctement. Elles me
touchèrent profondément, peut-être plus qu'il n'était
touché lui-même, car je ne sais s'il pensait alors à
son état ; au moins, ce n'est guère là la disposition
d'un pécheur pénitent.

» Je fis un grand soupir que je ne pus retenir, et il
m'entendit : « Qui est là? dit-il ; qui est là? — C'est

» moi, Monseigneur, qui attendais le moment de par-
» ler à Votre Éminence d'une lettre fort importante
» que je viens de recevoir. — Approchez, appro-
» chez, » me dit-il d'un ton dolent ; il était nu dans sa
robe de chambre fourrée de petit gris, et avait son
bonnet de nuit sur la tête. Il me dit : « Donnez-moi la
» main ; je suis bien faible, je n'en puis plus. — Votre
» Éminence ferait bien de s'asseoir » ; et je voulus lui
porter une chaise. — « Non, dit-il, non, je suis bien
» aise de me promener, et j'ai affaire dans ma biblio-
» thèque. » Je lui présentai le bras, et il s'appuya
dessus ; il ne voulut point que je lui parlasse d'affaires : « Je ne suis plus, dit-il, en état de les
» entendre ; parlez-en au roi, et faites ce qu'il vous
» dira. J'ai bien autre chose en ce moment dans la
» tête. » Et, revenant à sa pensée : « Voyez-vous, mon
» ami, ce beau tableau du Corrège, et encore cette
» Vénus du Titien, et cet incomparable déluge d'An-
» toine Carrache, car je sais que vous aimez les ta-
» bleaux, et que vous vous y connaissez très bien. Ah !
» mon pauvre ami, il faut quitter tout cela ! Adieu
» chers tableaux que j'ai tant aimés et qui m'ont tant
» coûté ! — Ah ! vous êtes moins mal que vous ne le
» pensez, puisque vous aimez encore vos tableaux.
» Bon courage, Monseigneur, personne ne désire plus
» votre mort ; tout le monde, au contraire, fait des
» vœux pour le rétablissement de votre santé. — Est-
» il vrai ? on ne veut plus ma mort ? Ah ! vous ne savez
» pas tout : quelqu'un la désire. — Cela ne peut être,

» Monseigneur, ne vous mettez pas tant de visions
» dans l'esprit. — Je sais le contraire, mais n'en
» parlons plus. Il faut mourir, plutôt aujourd'hui que
» demain. Il souhaite ma mort, je le sais bien. » Je
compris qu'il voulait parler du roi, dont la capacité, qu'il connaissait, lui donnait de la jalousie. »

Brienne raconte sur les derniers instants de Mazarin un autre détail plus caractéristique encore : « Un
jour que j'entrai dans sa chambre, à pas comptés
et suspendus, c'est-à-dire sur la pointe des pieds,
parce que Bernouin, son valet de chambre, m'a-
vait dit qu'il sommeillait devant le feu, assis dans son
fauteuil, je le vis et j'eus tout le temps de le bien
considérer. Je le vis dans une agitation surprenante.
Son corps, par son propre poids, roulait tantôt en
avant et tantôt en arrière ; sa tête allait presque
frapper ses genoux, ou venait retomber en sens contraire sur le dossier de sa chaise. Il se jetait à droite
et à gauche sans interruption, et dans ce court
intervalle de temps, qui ne fut que de quelques
minutes, le balancier de sa pendule n'allait pas plus
vite que son corps. J'eus peur qu'il ne tombât dans
le feu, et j'appelai Bernouin qui vint à ma voix ;
Bernouin le prit et le secoua même assez vivement :
« Qu'y a-t-il? Bernouin, qu'y a-t-il? fit-il en s'éveil-
» lant. *Guénaud l'a dit!* — Au diable soit Guénaud et
» son dire, reprit son valet de chambre ; direz-vous
» toujours cela? — Oui, Bernouin, oui, *Guénaud l'a*
» *dit!* et il n'a dit que trop vrai ; il faut mourir, je ne

» saurais en réchapper. *Guénaud l'a dit! Guénaud l'a*
» *dit!* » J'entendis distinctement alors ces tristes
paroles que je n'avais pu comprendre lorsqu'il les
avait dites en dormant. J'en fus effrayé et saisi ; je
le fus plus encore de la frayeur qui paraissait peinte
dans ses yeux. Bernouin lui dit que j'étais là :
« Faites-le avancer, dit-il, en me tendant la main,
» que je baisai. Il me dit : « Mon pauvre ami, je me
» meurs ! — Je le vois bien, lui dis-je ; mais croyez-
» moi, mon cher maitre, c'est vous qui vous tuez vous-
» même. Ne vous affligez point par ces cruels discours
» qui tuent vos serviteurs et qui font plus de mal à
» Votre Excellence que son mal même. — Il est
» vrai, me dit-il, mon pauvre monsieur de Brienne,
» mais Guénaud l'a dit, et Guénaud sait bien son
» métier. »

» Je m'attendris en l'écoutant parler ainsi, et ne
pus retenir mes larmes. Je l'aimais tendrement, et
il me faisait une grande compassion. Il me tendit
ses bras et m'embrassa fort tendrement. Son haleine
me suffoqua, et je fus sur le point de m'évanouir. Il
s'en aperçut ; il prit une pastille de bouche et m'en
donna une autre : « J'en suis bien fâché, me dit-il
» fort obligeamment, mais voilà, mon cher ami, ce
» que c'est que l'homme. J'ai de belles dents et je
» mange peu ; mais je porte au dedans de moi la
» cause de ma mort prochaine. » Il se serra le cœur
» en achevant ce mot, puis il répéta : *Guénaud l'a dit!*
» Cependant le cardinal, quatre ou cinq jours

avant sa mort, se fit faire la barbe et relever sa moustache au fer ; on lui mit du rouge aux joues et sur les lèvres, et on le farda si bien avec de la céruse et du blanc d'Espagne, qu'il n'avait peut-être été de sa vie ni si blanc ni si vermeil. Montant alors dans sa chaise à porteurs, qui était ouverte par devant, il alla faire dans ce bel équipage un tour de jardin, pour enterrer, comme il le disait lui-même, la synagogue avec honneur. Je ne fus jamais plus surpris que de voir cette métamorphose si prompte et si complète, et ce changement de théâtre aussi soudain du lit de la mort où je venais de le laisser à ce rajeunissement plus vrai en apparence que celui d'Éson. Cette tromperie, qui avança sa fin, fit dire aux courtisans : Fourbe il a vécu, fourbe il a voulu mourir ! Le comte de Nogent, mauvais plaisant, le voyant dans cet équipage, lui dit : « L'air vous est » bon, il a fait un grand changement en vous ; Votre » Éminence devrait le prendre plus souvent. » On ne sait si le cardinal rougit ou pâlit à ces mots, qui découvraient sa fourberie ; mais il est certain qu'il en fut frappé et qu'on s'aperçut du changement de ses yeux, si l'on ne put apercevoir celui de son visage. Le cardinal dit : « Retournons, je me trouve » mal. » Nogent, poussant sa pointe avec une impertinence sans égale, lui dit : « Je le crois, car Votre » Éminence est bien rouge. » Je le suivis et le vis reporter sur son lit ; il s'y laissa choir à la renverse, comme un homme qui tombe en syncope ; on lui

LOUIS XIV.

donna je ne sais quelle liqueur, et Bernouin, son valet de chambre, lui dit : « Je savais bien ce qui » arriverait, et je vous l'avais dit. A quoi bon cette » momerie? » Le cardinal ne répondit mot, et on fit sortir tout le monde. »

Le courtisan, cet être bas et rampant qui occupe un des derniers degrés dans l'échelle des êtres, reprenait le dessus ; il se vengeait par ses railleries de sa soumission forcée. Mais, du moins, toutes les apparences étaient gardées, et jusqu'au dernier moment la chambre de Mazarin fut remplie; on jouait auprès de son lit. Le commandeur de Souvré tenait son jeu; il fit un beau coup et s'empressa d'en avertir Mazarin : « Commandeur, répliqua celui-ci, je perds beaucoup plus dans mon lit que je ne gagne et ne peux gagner à la table où vous tenez mon jeu. » C'est à ce moment qu'on lui annonça qu'il paraissait une comète : « Elle me fait beaucoup d'honneur, » fit-il en souriant; montrant en cela plus d'esprit que Louise de Savoie, mère de François 1er, qui dit en semblable occasion : « C'est une distinction qui n'est réservée qu'aux grands ! »

Le cardinal de Mazarin, venu à Paris dans le costume d'un pauvre aventurier, laissa à sa mort une somme estimée à cent millions de notre monnaie, sans compter ses palais, ses tableaux, ses diamants, ses collections artistiques. Diverses sources avaient concouru à grossir cette fortune ; la principale, celle à laquelle Richelieu devait également la sienne, consistait dans les bénéfices et dans les abbayes que chacun de ces ministres s'était attribués. Mazarin y avait mis moins de modération encore que son prédécesseur, puisqu'à sa mort il possédait vingt-neuf abbayes, sans compter l'évêché de Metz. Souvent il lui arrivait de faire ce que rapporte Brienne. « Un jour, je demandai à Son Éminence l'abbaye de Sainte-Bénigne de Dijon pour mon frère : « M. Le » Tellier, me dit-il, me l'a demandée le premier » pour son fils ; et je me vois dans la nécessité de » désobliger ou l'un ou l'autre. » Sur quoi il se mit à penser quelque temps en lui-même ; tout d'un coup, sortant de sa rêverie, il ajouta en souriant : « Pour les mettre d'accord, je suis d'avis de la gar- » der pour moi ; mandez à votre frère que, si je la » retiens, c'est à sa seule considération. » Dans tout Italien, il y a du bouffon.

Une autre source de revenus se composait des pots-de-vin qu'il se faisait donner par les fermiers généraux, avec lesquels il partageait en outre les bénéfices. Fouquet estimait que Mazarin avait gagné avec lui huit ou dix millions de cette façon. Il vendait, en plus, toutes les charges de la maison de la reine, ainsi que de celle des princes. Enfin, les économies forcées qu'il imposait à la cour contribuaient à grossir son trésor. Le roi, la reine restaient sans argent ; la reine d'Angleterre restait privée de secours. Une fois, il retrancha la moitié de la somme donnée annuellement à Anne d'Autriche

pour ses étrennes. Et à ceux qui réclamaient il
répondit : « Si la reine savait ce que cet or coûte
de larmes et de sang, elle ne voudrait pas y
toucher. »

Toutefois, l'avidité est un vice trop généralement
répandu, trop facilement excusable à une époque
où les grands seigneurs, faisant œuvre de mendiants,
demandaient toute la France, et où le grand Condé
flétrissait ses plus belles victoires par des malver-
sations. Un reproche plus grave à adresser à
Mazarin, c'est d'avoir sacrifié l'intérêt de la France
à sa cupidité dans le traité des Pyrénées. En cher-
chant un papier pour Mazarin retenu au lit,
Brienne vit une liasse nouée d'un ruban jaune, et
au-dessus de laquelle était écrit : « Acte par lequel
le roi d'Espagne m'a promis de ne pas s'opposer à
ma promotion à la papauté, en cas que je puisse
me faire élire après la mort d'Alexandre VII; et ce,
sous la condition que je fasse agréer au roi de
France de se contenter de la ville d'Avesnes, au
lieu de celle de Cambrai, dont j'ai demandé de sa
part la restitution à la couronne d'Espagne. » Mazarin avait fait ce qu'ont fait Georges d'Amboise,
Wolsey et tant d'autres. La cour romaine sait bien
quel pouvoir elle exerce dans les États de la catho-
licité soit par la pourpre dont elle peut disposer,
soit par les espérances qu'elle peut flatter. Un jour,
l'histoire s'étonnera de voir que de puissantes
nations se soient laissé tenir dans cette dépendance.

Elle présentera le tableau de tous les marchés honteux auxquels le chapeau de cardinal a donné lieu; transactions le plus souvent faites au moyen de l'argent, et quelquefois par les armes. Pour obtenir un chapeau rouge à son frère, Mazarin déclara une guerre injuste au pape et commença le bombardement d'Orbitello. Singulier rapprochement : Richelieu et Mazarin eurent tous les deux un frère moine, fou et cardinal en même temps.

Un autre reproche non moins grave, c'est la négligence, calculée peut-être, apportée à l'éducation du jeune roi, l'ignorance systématique dans laquelle on le laissa, afin d'étouffer ses velléités d'indépendance. Un jour qu'il s'amusait avec son frère dans le jardin du Palais-Royal, il faillit se noyer dans le bassin, personne ne veillant sur lui. La Porte rapporte deux faits qui sont à ajouter à l'histoire des héritiers présomptifs : « M. de Beaumont disait un jour au cardinal que le roi ne s'appliquait point assez à l'étude; qu'il devait y employer son autorité et lui en faire des réprimandes, parce qu'il était à craindre qu'un jour il n'en fît de même dans les grandes affaires. Il lui répondit : « Ne vous mettez pas en peine, reposez-vous-en sur moi; *il n'en saura que trop*, car, quand il vient au conseil, il me fait cent questions sur n'importe quoi. » ..... « Comme le roi croissait, le soin qu'on prenait de son éducation croissait aussi, et l'on mettait des espions auprès de sa personne; non pas à la vérité de crainte qu'on ne l'entretînt de mauvaises choses, mais bien de crainte qu'on ne lui inspirât de bons sentiments; car, en ce temps-là, le plus grand crime dont on pût se rendre coupable était justement de faire entendre au roi qu'il n'était le maître qu'autant qu'il s'en rendrait digne. Les bons livres étaient aussi suspects dans son cabinet que les gens de bien; et ce beau catéchisme royal de M. Godeau n'y fut pas plutôt qu'il disparut sans qu'on pût savoir ce qu'il était devenu. » Triste sort des princes! par leur position même ils sont appelés à recevoir une éducation détestable. Tantôt, comme Louis XIV et tant d'autres, ils se voient livrés à des mains mercenaires qui étouffent en eux tout bon sentiment. Tantôt, comme Louis XV, ils ont un précepteur comme le cardinal de Fleury qui, au lieu de l'instruire, se laissait mettre des papillotes par lui afin de capter sa faveur.

De tant de reproches qu'on peut faire à Mazarin, celui que la postérité a retenu, celui qu'elle lui jette le plus souvent à la face, c'est son amour pour l'argent. C'est qu'en effet cette cupidité a quelque chose de bas et d'avilissant, qui ternit les plus belles actions, qui abaisse les plus nobles caractères. L'histoire devrait y être habituée pourtant, puisque parmi tous les hommes dont elle s'occupe si peu ont échappé à cette défaillance, puisque l'ambition est presque toujours, au fond, un désir et un besoin. C'est pour cela qu'une admiration mêlée d'étonnement entoure ceux qui ont pu se défendre de cette lèpre honteuse. L'homme désintéressé semble au-dessus de l'humanité ; il paraît exempt de ces passions vulgaires que la possession de l'or aide à satisfaire. Le moyen âge, si ingénieux à renfermer des leçons morales dans un symbole ou dans une légende, avait trouvé une curieuse origine au mot *argent :* selon lui, il venait de *ardre les gens,* brûler les gens ; et voici pourquoi. Un jour, le diable avait enfermé dans une tour une grande quantité d'or et d'argent, et il en avait laissé les portes ouvertes. Aussitôt, la foule de s'y précipiter, vilains, bourgeois, nobles et clercs. Quand il les vit bien occupés à remplir leurs poches, le diable mit le feu à la tour ; mais aucun ne bougea, et tous aimèrent mieux brûler que d'abandonner ce monceau d'or, dont ils n'avaient pas encore pris leur suffisance.

APPENDICE

—

Si à la cour de grandes libertés de langage trouvaient de nombreux approbateurs, elles rencontraient parfois des censeurs sévères. Voici ce que dit le Père Ménestrier, qui visait Benserade, dont certains vers étaient plus que légers mais tout à fait suivant les goûts de l'époque :

« On a introduit l'usage de faire des vers en forme d'épigrammes sur la plupart des personnages. C'est en cet endroit que les poètes se donnent souvent la liberté de faire des allusions peu honnestes et de publier des vers qui sentent la licence des anciennes Saturnales. Ces vers d'application se sont introduits dans les ballets pour la même raison que les devises dans les carrousels. On a voulu par ce moyen découvrir des passions secrètes, et les faire connaître aux personnes pour qui on entreprenait ces courses et ces danses. Et comme la plupart de ces festes se font ou pour des mariages où l'on ne renouvelle que trop souvent la liberté de la poésie

païenne en de semblables occasions, ou en carna-
val qui est un temps de débauche, on s'est permis
en ces rencontres ce qui ne doit jamais estre permis quand on a de la pudeur, et ce que ne devaient
jamais souffrir les personnes pour qui se font ces
allusions si peu honnestes. » On voit bien que le
Père Ménestrier vivait au fond de sa cellule, qu'il
ne connaissait pas la cour ; s'il l'eût fréquentée
quelques temps, il fût devenu aussi souple que son
collègue le Père La Chaise, que Mme de Montespan
appelait *La chaise de commodité*.

On ne sera pas fâché de lire quelques détails sur
les ballets de cour qui ont joué un si grand rôle
aux XVIe et XVIIe siècles, et qui ont été une grande
distraction pour tous les souverains de cette époque.

Le ballet avait ses règles matérielles et littéraires. Sa poétique a été recueillie par l'abbé de
Pure, et principalement par le Père Ménestrier ;
mais cette poétique n'a rien de bien rigoureux,
surtout comparée à celle des œuvres littéraires proprement dites, telles que la tragédie et la comédie.
Le ballet, créé dans l'unique intention de divertir,
obtint les mêmes facilités que plus tard on accorda
à l'opéra, et pour des raisons analogues. Pourvu
qu'il eût l'unité du dessin, il était dispensé de l'u-
nité de temps et de lieu, et même de l'unité d'action. Il admettait largement l'emploi des épisodes,
la variété des styles, le mélange des personnes
nobles ou vulgaires, graves ou badins, historiques

ou fabuleux, naturels ou allégoriques. Il n'y avait rien, en effet, qui ne fut du ressort du ballet : tout ce qui pouvait se traduire sur la scène, être figuré par la danse, le costume, la pantomime, le spectacle, lui appartenait de plein droit. Au fond, il ne reconnaissait guère d'autres règles que le plaisir, et l'abbé de Pure le dit expressément : « Soit que jusqu'ici les lois du ballet n'aient pas été publiées, ou que le ciel et sa bonne fortune l'aient préservé des chicaneuses et ridicules inquiétudes des maîtres ès arts, il n'est tenu que de plaire aux yeux, de leur fournir des objets agréables, et dont l'apparence et le dehors impriment dans l'esprit de fortes et belles images. »

La marche naïve qu'indique le Père Ménestrier pour faire un ballet montre bien aussi la latitude laissée à l'auteur et les facilités qu'il trouvait à l'accomplissement de sa tâche. « Tout le secret de la conduite d'un ballet, dit-il ingénument, consiste dans le choix du sujet, car il n'est point de sujet, de quelque nature qu'il puisse être, qui ne soit un tout composé de plusieurs parties, ou actuelles, comme parlent les philosophes, ou virtuelles, c'est-à-dire qui d'elles-mêmes se font voir distinctes ou se peuvent facilement distinguer. Ainsi, la nuit étant une étendue de temps de plusieurs heures, durant lesquelles plusieurs choses se font ou se peuvent faire dans le monde, on trouve naturellement la conduite d'un ballet sur ce sujet en représentant par des danses figurées tout ce qui se fait ou se peut faire pendant la nuit... Les ballets qui se font sur une proposition ou sur un sujet composé demandent nécessairement autant de parties qu'il y en a dans la proposition ou dans le sujet composé, et c'est sur ces parties que roule essentiellement toute la conduite du ballet. Si par exemple on se propose pour sujet *qu'il faut mourir*, on peut représenter toutes sortes de personnes sujettes à la mort, comme les papes, les rois, les cavaliers, les dames, les sçavants. Ce sont les parties essentielles à ce ballet, auxquelles on peut ajouter la mort ou la ruine des États, des monarchies, et, au lieu des personnes réelles, se servir des poétiques, de la science, de la grandeur, de l'autorité, des richesses. De même que si l'on voulait faire un ballet sur cette proposition que *Tout obéit à l'Argent*, ou que *l'Intérêt est l'âme du monde*, il faut considérer l'*Argent*, *Obéir* et *Toutes choses*, qui sont les trois parties de la proposition; et considérer l'argent avec son autorité, sa puissance, son crédit. Ce mot d'*Argent* est un tout, dont les parties sont les pistoles, les écus, les deniers, les monnaies de divers pays avec les images des princes, leurs symboles, leurs armoiries, les lettres de change, les brevets d'affaires, les assignations, les billets de l'épargne. Sous le mot d'*Obéir* se peuvent ranger toutes les soumissions, les servitudes, les adorations, les dépendances. Et sous *Toutes choses* on peut mettre la flatterie, les arts, les sciences, toutes les conditions, tous les états, et de tout cela faire un corps qui composerait le ballet. »

Rien de plus simple, comme on le voit. Un pareil plan exigerait, à coup sûr, moins d'imagination que de patience, et, pour peu qu'on se laissât aller, il serait facile d'y faire tenir l'univers entier. On trouvera peut-être qu'il y a beaucoup d'allégories là-dedans ; mais en cela le Père Ménestrier ne faisait que suivre la tendance naturelle à un homme professant *ex cathedrâ* et le goût du temps, en particulier celui de la célèbre Compagnie dont il était membre. Entre toutes les variétés de ballets qui se produisirent au XVIIe siècle, ballets historiques, fabuleux, poétiques, empruntés à la mythologie, au roman, à l'épopée, à l'idylle, l'allégorie dominait. Elle dominait surtout dans les ballets poétiques, c'est-à-dire de pure invention, et dans ceux de caprice et de fantaisie. On poussait quelquefois l'amour de l'allégorie jusqu'à faire danser des abstractions et des êtres métaphysiques, comme firent si souvent les Jésuites dans leur collège ; et l'abbé de Marolles, qui a écrit une sorte de petit traité sur le genre, a tracé le plan d'un ballet des armoiries, d'un ballet des emblêmes, d'un ballet des hiéroglyphes.

Comme exemple de ce qu'il avance, le Père Ménestrier cite le fait suivant : « J'ai vu une fois le *Monde* agréablement vestu ; il avait pour coiffure le mont Olympe, et son habit était fait en table géographique. Il avait écrit sur le sein, à l'endroit du cœur : *Gallia ;* sur le ventre : *Germania ;* sur une jambe : *Italia,* parce que l'Italie a cette figure sur la carte ; sur le derrière : *Terra australis incognial ;* sur un bras : *Hispania.* Le sujet du ballet était le *Monde malade.* Il était porté par Atlas et Hercule ; les Dieux s'assemblèrent pour le guérir. Apollon et Esculape, qui sont les dieux médecins, lui tastaient le pouls ; Bacchus et Cérès lui donnaient sa nourriture, Mars le devait saigner. Enfin, on lui ordonna un jeûne de quarante jours. Ce fut le mardi gras que cette pièce fut représentée, et la diète de quarante jours était le caresme. »

Nous sommes fiers du luxe de notre mise en scène, de l'habileté de nos machinistes, de l'ingéniosité de nos inventeurs de trucs. Mais le passé n'a rien à nous envier sous ce rapport, et je ne sais pas si , toute proportion gardée, il n'aurait pas l'avantage sur le présent. Lisez les passages suivants de la *relation* du ballet donné à la reine Christine, en 1656. Le récit commence au moment où la reine est surprise par la nuit dans sa visite à la maison de campagne du riche financier Henchri, qui lui offrait ce ballet :

« La nuit survenue, ayant comme envié à cette princesse le plaisir que lui donnait la vue de ces belles choses, elle en eut bientôt raison, se trouvant soudainement éclairée par une colonne de feu qui parut, au travers de mille cristaux, à l'entrée d'une chambre à l'italienne, et terminée seulement par une voûte extrêmement exhaussée. En un moment, elle vit une partie de cette chambre s'ouvrir, et ensuite une multitude infinie de gens dans une grande salle, de quoi le maître du logis semblant étonné, et se jetant au travers pour les repousser, voilà que tout à coup et par un admirable artifice il fut enlevé dans la chambre même, qui disparut avec tout ce peuple. Et aussitôt on vit une salle ornée de colonnes doriques et d'autres ordres d'architecture, et dans laquelle personne ne paraissait. Comme on était dans cette nouvelle surprise, on vit dans la nuée, sur un char de triomphe, la Renommée qui était venue à travers l'air jusqu'au milieu de la salle, deux enfants ailés lui apportant des palmes et des couronnes avec les chiffres de la reine Christine.

» La Renommée ayant fait un récit dont la voix et les paroles furent admirées, elle s'envola d'un côté et les enfants de l'autre. A l'instant disparut la nuée et toutes ces ruines de feu, et en leur place on ne vit qu'un enfoncement d'une enfilade de portes de plusieurs appartements, au bout de la salle et au travers, dont le premier était gardé par deux Suisses, qu'on croyait seulement y être représentés et feints.

» A peine le Génie de la France eut-il fait la première entrée du ballet, qu'on vit ces Suisses se détacher de la muraille et danser avec tant de justesse et de grâce qu'ils ne le cédaient point aux plus adroits des Français. Les autres entrées suivi-

rent selon l'ordre marqué dans le récit du ballet,
avec plusieurs changements des scènes et des pers-
pectives, tout cela finissant par une grande chambre
qui parut ornée d'un lit à alcôve et autres embellis-
sements : au travers paraissait un grand et spacieux
parterre, du milieu duquel un seigneur accourant se
trouva dévancé par deux de sa suite tenant chacun
une guitare. Ensuite parut une grotte d'une pro-
fondeur extraordinaire, au-dessus de laquelle s'élevait une montagne de cyprès, et du haut tombaient
deux rivières effectives , faisant des cascades et
jets d'eau d'une extrême hauteur et grosseur. Le
spectacle se termina par une fleur de lys d'eau,
qui se perdit et s'éloigna de la vue, par une nuée
qui portait un concert de vingt-quatre violons
et d'autant d'autres instruments avec les douze
Heures de la Nuit, tenant chacune un flambeau
de cire blanche dans la main. Cette nuée venant
à s'abaisser, on aperçut au-dessus s'avancer la montagne et les cascades, faisant un si bel effet à la vue
qu'on ne saurait l'exprimer par le discours. Le
grand chœur de musique demeura, et les douzes
Heures descendirent de cette nuée et s'approchèrent
de la reine pour la conduire dans une autre grotte,
où elle vit tout ce que l'art peut faire de plus mer-
veilleux à l'élévation de l'eau et pour son bruit, qui
fut excellemment interrompu par quantité de haut-
bois et de musettes admirablement concertés. »

Ce n'est pas seulement dans le palais des rois ou

des princes qu'on dansait ces ballets ; on en dansait partout. Louis XIII et Louis XIV vinrent souvent
en danser à l'Hôtel de Ville, pour répondre à l'invitation de la municipalité qui leur offrait des fêtes.
Voici la relation d'une de ces fêtes par un témoin
oculaire ; on pourra la comparer aux solennités du
même genre qui eurent lieu sous l'Empire, et à
celle qui servit dernièrement à inaugurer le nouvel
édifice.

« L'an 1626, le 4ᵉ jour de février, M. Le Bailleul,
chevalier, sieur de Wattot-sur-Mer et de Joisy-sur-
Seine, conseiller d'Estat et lieutenant civil, et prévost des marchands, a rapporté à MM. les eschevins
y estant au bureau que, le jour d'hier estant au
Louvre, le roy lui avait dit qu'il voulait venir danser
son ballet au dit hostel de ville, et qu'il voulait ho-
norer la dite ville de cette action ; à ce qu'il eust à
donner ordre aux préparatifs nécessaires, et d'y
mander toutes les plus belles dames et de condition relevée pour y assister. A quoy il fit réponse à
Sa Majesté, que ce serait le plus grand honneur que
la ville pourrait recevoir. Et aussitôt le dit sieur
P... des M... avec les dits sieurs eschevins, procu-
reur du roi, greffier et receveur de la ville, ont pris
résolution de donner ordre aux dits préparatifs pour
y recevoir Sa Majesté le roy plus somptueusement
et superbement que faire se pourra.

» Et le dimanche, 8ᵉ jour du dit mois de février,
le dit sieur P... des M..., avec le sieur Clément,

greffier de la ville, sont allés ensemble voir le roy au Louvre, lequel a confirmé que sans faillir il viendrait danser son dit ballet au dit hostel de ville, environ caresme prenant, et qu'il fallait y mander les belles dames et bourgeoises de la ville, auxquelles le dit sieur P... des M... a dit que cette nouvelle était déjà répandue par toute la ville, qui s'en réjouissait.

» Et le lundi, 9ᵉ du dit mois de février, les dits sieurs prévôt des marchands et eschevins ont commencé à faire faire les dits préparatifs pour Sa Majesté. Et à cette fin ont envoyé quérir les maîtres de maçonnerie et de charpenterie de la ville, pour faire les eschafauds, théâtres, galeries dans la grande salle de l'hostel de ville, pour mettre les dames et les compagnies.

» Aussi ont envoyé quérir l'espicier de la ville, auquel ils ont commandé de tenir prêts grande quantité de flambeaux blancs, tant grands que petits, pour mettre dans les chandeliers et croisées qui sont au plancher des grandes salles, chambres, galeries et bureaux du dit hostel de ville, et sur les tables; aussi pour préparer grandes quantités de confitures pour la collation du roy, des princes, masques et autres compagnies.

» Ont aussi envoyé quérir le menuisier de la ville, pour travailler de son mestier à ce qui sera nécessaire, faire les dits chandeliers et croisées de bois, avoir des plaques pour attacher dans toutes les chambres, montées et galeries, pour dans ycelles mettre de petits flambeaux blancs.

« Et le samedi, 21e du dit mois de février, les dits sieurs P... des M... et E..., greffier, sont allés vers Sa Majesté pour s'assurer du jour qu'elle viendrait donner son ballet, afin de faire préparer les dites collations et envoyer prier les dames. Aux quels aurait esté dit par Sa Majesté que ce serait la nuit de caresme prenant.

« De manière que les dits sieurs de la ville auraient mandé la veuve Crosnier, cuisinière, pour préparer les festins de poisson, au lieu de chair, ce qu'elle aurait promis.

« Et le mardi, 24e du dit mois, jour de caresme prenant, sur les dix heures du matin, serait venu au dit hostel de ville le sieur Delacoste, enseigne des gardes du corps du roy, suivi de deux exempts et de nombre d'archers du corps, qui ont demandé au dit sieur Clément toutes les clefs des portes, chambres et bureaux du dit hostel de ville, qu'il leur a à l'instant baillées, avec un billet attaché à chacune d'elles pour les reconnaistre ; et se sont, les dits gardes, saisis de toutes les dites portes et avenues du dit hostel de ville.

« Et environ les onze heures, y est venu le dit sieur du Haillier, capitaine des gardes, et suivi d'un bon nombre d'archers ; et quelque temps après le dit sieur de Montbazon, et ont tous disné au dit hostel de ville, avec les dits sieurs prévost des mar-

chands, eschevins, greffiers et receveurs, le procu-
reur du roy ne s'y estant trouvé à cause de son in-
disposition.

» Sur les trois heures de relevée sont venues deux
compagnies des gardes dans la Grève, l'une française et l'autre suisse, le tambour sonnant.

» Sur les quatre heures, les compagnies ont commencé à venir, qui ont été placées l'une après l'autre
dans la grande salle par le dit sieur du Haillier, et
se peut dire, il est vrai, que jamais on n'a vu si bel
ordre, et si peu de confusion.

» Les seigneurs et dames estant placés sur les
théâtres et eschaffauds, l'on a allumé tous les flambeaux; et lors toutes les belles dames ont été
reconnues, qui estaient pleines de perles et de
diamants, et parées à l'avantage.

» Sur les onze heures du soir y est venue madame la première présidente, qui a été reçue par
messieurs de la ville, et placée à la première place.

» Sur les minuit, l'on a dressé la collation des
confitures pour le roy, dans la petite salle du costé
de l'église Saint-Jean, où a été aussi dressé le buffet
d'argent de la ville, gardé par quatre archers, à la
quelle collation a été mis plus de six cents bouettes
de confitures fines.

» Plus, a esté dressé trois grandes tables pour y
mettre le festin de poisson, lequel toutefois l'on n'a
pas fait cuire que lorsqu'on a vu quand arrivaient
les masques.

» Toute la nuit, les vingt violons ont sonné et joué de leurs violons dans la dite grande salle, pour entretenir la compagnie, sans que l'on y ait dansé, d'autant que les dames ne voulaient point quitter leurs places.

» Messieurs de la ville ont eu soin de faire changer et renouveller les flambeaux blancs à mesure qu'ils étaient brûlés, y ayant dans la dite salle trente-deux croisées de chandeliers, dedans les quelles il y avait vingt-huit flambeaux, qui ont esté renouvellés et changés deux fois pendant toute la nuit; et ainsi de mesme aux autres salles, chambres et bureaux.

» Sur les quatre heures du matin, les masques ont commencé à venir. Les dits sieurs P... des M.., E... et grefliers sont venus dans leurs robbes mi-parties vers le dit sieur prévost, qui avait sa robbe de satin mi-partie, et sont allés au devant du roy, marchant devant eux les dix sergents de la ville, aussi vestus de leurs robbes mi-parties et tenant chacun deux flambeaux blancs allumés dans leurs mains. Et auraient les dits sieurs de la ville rencontré le roy sur les montées; auquel mondit sieur le prévost des marchands a fait un petit compliment sur sa bienvenue, et de l'honneur que la ville recevait aujourd'hui par sa présence. Laquelle Majesté s'est excusée de ce qu'elle venait si tard, que ce n'était pas sa faute, mais des ouvriers qui n'avaient pas achevé assez tôt les préparatifs. La-

quelle Majesté a été conduite par les dits sieurs
gouverneur, prévost des marchands, eschevins et
greffiers dans le cabinet du dit sieur greffier, qui
avait esté préparé pour Sa Majesté, où elle a pris sa
chemise et ses habits de masque. Monsieur, frère
unique du roy, a été conduit dans la chambre du dit
greffier, proche la chambre où était le roy. M. le
comte de Soissons, prince du sang, a été conduit
dans le petit bureau qui estait à côté. Messieurs les
autres princes et seigneurs qui estaient du grand
ballet, dans les autres chambres. Les masques dans
le grand bureau, les masques des musiques et violons
dans les chambres de la première galerie; en toutes
les quelles il y avait du feu, pain, vin et viandes.

» Les dits sieurs P... des M..., E... et greffier,
ainsi vestus de leurs robbes mi-parties, ont toujours
suivi Sa Majesté, jusqu'à ce qu'il ait esté prest de
danser son ballet.

» Le dit sieur du Haillier, ainsi qu'il avait esté
projetté, a fait oster les violons de la ville, qui estaient sur les eschaffaux, et en leur place y a
fait mettre les violons du roy, qui sonnaient le
ballet.

» Et environ les cinq heures du matin, Sa Majesté
et tous les autres masques sont allés dans la grande
salle pour danser le ballet, et lors les violons ont
commencé à sonner. Et pendant que les premiers
masques faisaient leurs entrées, Sa Majesté, Monsieur et les autres princes se sont mis dans la loge

de charpenterie faite exprès à l'entrée de la salle, et que le ballet appelait la *ville de Clamart,* proprement une taverne pour les voir danser. Après quelques entrées faites, le roy est venu masqué, qui a pareillement dansé avec d'autres. Les machines ont aussi fait leur effet. Et après le grand ballet à danser, qui estait composé du roy et de douze autres princes et seigneurs, et entre autres de Monsieur, frère du roy, de M. le comte de Soissons, de M. le grand prieur, de M. le duc de Longueville, de M. le duc d'Elbeuf, de M. le comte d'Harcourt, de M. le comte de Laroche-Guyon, de M. de Liancourt, de M. de Baradas, de M. le comte de Cronnail et de M. le chevalier de Souvray, tous vestus très richement.

» Après tout le dit ballet dansé, qui a duré au moins trois heures, les violons ont commencé à jouer une danse, et s'est Sa Majesté et les autres masques démasquée, et ont tous les dessus nommés pris une femme pour danser au dit branle, à savoir : Sa Majesté a pris madame la présidente, Monsieur, frère du roy, Madame de Bailleul, femme du dit sieur P... des M..., Monsieur le comte après, et ainsi des autres.

» Le dit branle fini, Sa Majesté a esté conduite par mes dits sieurs de la ville dans la salle où estait préparé le festin et la collation, lequel festin, qui estait du très beau poisson, a esté admiré par le roy, lequel estant tout debout a mangé fort longtemps des viandes du dit festin, estant accompagné des dits

princes et seigneurs ci-dessus nommés, qui ont semblablement fort mangé des dites viandes, mes dits
sieurs de la ville avec le dit greffier estant toujours
proches de Sa Majesté lors du dit festin. Et ayant
Sa Majesté demandé à boire, tenant le verre à la
main, aurait dit tout haut, adressant la parole au
dit sieur prévost des marchands, qu'il allait boire à
lui et à toute la ville ; et se tournant vers les dits
sieurs échevins, aurait bu à eux semblablement ; et
particulièrement, s'adressant au dit greffier, luy aurait fait la faveur de boire à luy, ce qu'ils ont fait
avec une joye non pareille. Et à l'instant, Sa Majesté
s'approchant de la table aux confitures qui estait
couverte de deux grandes nappes blanches, les
quelles ayant esté levées, Sa Majesté se reculant en
arrière, examinant le grand nombre des confitures
exquises qui y estaient, aurait dit tout haut : *que
voilà qui est beau!* et en même temps Sa Majesté aurait choisi elle-même trois bouettes des dites confitures. Et aussitôt tous les dits princes et seigneurs
et autres personnes se sont jetés sur la collation,
qui a été prise, ravie et dissipée, et la moitié ren-
versée à terre, à quoy le roy aurait pris un singulier
plaisir. Ce fait, Sa Majesté aurait dit aux dits sieurs
de la ville et au dit greffier *qu'il estait très content
d'eux, et qu'il les en remerçiait, et qu'il n'avait jamais
vu de plus bel ordre ni qu'il n'avait jamais mangé de plus
bel appétit qu'il n'avait fait ;* et tout vestu en masque,
comme il estait quand il avait dansé son grand bal-

let, s'en serait allé, et a esté conduit par mes dits
sieurs de la ville et le dit greffier, qui avaient toujours leurs robbes mi-parties, jusque le perron de
l'hostel de ville, où estant environ neuf heures du
matin l'artillerie, canon et bouettes de la ville commencèrent à tirer ; à quoy Sa Majesté prit un fort
grand plaisir, et se tint fort longtemps sur le dit perron, estant vu de tout le peuple qui estait dans la
Grève, laquelle Grève estait pleine de gens qui criaient
Vive le roy ! avec grandes acclamations de joye. Et le
roy, remerciant de nouveau les dits sieurs de la ville,
est entré dans son carrosse pour aller à son Louvre,
marchand devant lui les Suisses de la garde, tambour
sonnant.

» Et est à noter que, par les rues par où le roy a
passé pour aller de son Louvre au dit hostel de ville,
il y avait des lanternes de papier de diverses cou-
leurs à chacune fenestre et boutique de toutes les
maisons, suivant les mandements envoyés par la
dite ville aux quarteniers à cette fin, comme aussi
tout en estait plein au dit hostel de ville, tant dedans
que dehors, ce qui faisait fort bon voir. »

Ce n'est pas seulement pour danser des ballets que
nos rois venaient à l'Hôtel de Ville, ils venaient
assister à des fêtes qui leur étaient données dans diverses circonstances ; ils venaient surtout prendre
part aux divertissements qui avaient lieu à l'occasion de la Saint-Jean, fête qui se célébrait avec
beaucoup de pompe à Paris. Le principal attrait de

cette fête était dans le feu de la Saint-Jean, vaste bûcher placé au milieu de la place de Grève, auquel on mettait le feu, et que le peuple entourait en faisant des rondes, en poussant des cris de joie. En 1620, Louis XIII vint en personne mettre le feu au bûcher de la Saint-Jean. L'historien de la ville de Paris, Dom Félibien, remarque, comme un trait de somptuosité sans exemple, qu'après la collation, à laquelle le roi fit honneur, on cassa un nombre considérable d'assiettes de faïence qui venaient de servir au festin. A ce festin, le milieu de la table était occupé par un rocher de confitures qui avait cinq pieds de haut, et d'où jaillissait une fontaine d'eau de fleurs d'oranger. Les confitures tenaient une large place sur la table de nos pères ; nous les avons abandonnées pour des sucreries qui sont loin de les valoir.

FIN

TABLE DES CHAPITRES

Paris, Imprimerie Georges Guillois, 3, rue Madame. — Succursale à Poitiers. — 209.

RICHELIEU
Gravure extraite de *Richelieu et son œuvre*
(Bibliothèque des Notions générales).

PHARE DE PLANIER

(Gravure extraite de *la Mer habitée*.)